I0816373

INEVITABLE

MILLÁN LUDEÑA

INEVITABLE

Desarrolla el *mindset* para que logres lo que hoy crees imposible

Grijalbo

Inevitable

Desarrolla el mindset *para que logres lo que hoy crees imposible*

Primera edición: octubre, 2025

penguinlibros.com

Cuidado editorial: Marcela Riomalo

ISBN: 978-607-386-536-4

Impreso en México – *Printed in Mexico*

ÍNDICE

INTRODUCCIÓN

Imposible es solo una palabra

Hola, me llamo Millán Ludeña, también conocido como "Mr. Possible" o "el Señor de los Posibles". ¿Por qué? Quizá porque nací en un barrio marginal de Guayaquil, Ecuador, y era un niño tímido, tartamudo, flaquito y, además, epiléptico, por el que nadie hubiera apostado. Ninguno de los vecinos de mi barrio hubiera creído que un chico así, como yo, llegaría a correr las maratones más extremas del mundo, a ofrecer conferencias alrededor del globo y, mucho menos, a ganar un récord Guinness. Y, a pesar de eso, yo lo hice. Logré desafiar los "¡imposible!", los "¡no se puede!", los "¡es una locura!" y construí mi destino en lugar de seguir por inercia el camino que otros habían trazado para mí. Y eso es, justamente, lo que quiero acompañarte a hacer en este libro.

En las siguientes páginas comparto muchas de las enseñanzas, soluciones y herramientas que he reunido a lo largo de mis travesías por el mundo para que tomes impulso y logres alcanzar tus propias metas. Me permito llamar a este compendio "El método para lograr lo imposible", pues no es algo que se me haya ocurrido un buen día estando sentado en mi escritorio o después de tomar un curso de *coaching*. Por el contrario, es un método que surgió en el hacer. En él hay sudor, lágrimas, sangre, dudas, derrotas, alegría, certezas, triunfos, caídas, celebraciones, prueba y error, conocimiento de primera mano. Es un método que surgió en las arenas del Sahara, en el hielo de la Antártida, en las montañas patagónicas, en las laderas de los Andes y en el mismo núcleo de la Tierra. En cada nuevo desafío lograba conocerme mejor, de afuera hacia adentro, de adentro hacia afuera. En cada carrera morí y reviví varias veces. Desde aquí me inspiré para definir mi filosofía de vida en las conferencias y los seminarios que dicto alrededor del mundo, y de todas las herramientas que encontrarás explicadas y sustentadas en mis relatos de arena y hielo. Ahora bien, el hecho de que todo lo que te comparto en estas páginas haya nacido en un entorno deportivo no significa que sea aplicable únicamente a atletas y deportistas de alto rendimiento. Cualquier persona, en cualquier situación y ante cualquier desafío, encontrará una guía invaluable en estas páginas.

(Im)posible

Imposible. Esa palabra la hemos usado centenares de veces como excusa. Al invocarla te libras de la responsabilidad de intentar algo nuevo, de materializar la idea que te consume la cabeza. Es el mejor pretexto para quedarte en la cama divagando sin hacer nada. Finalizar las frases con "es imposible", te limpia la culpa. Y en la noche, cuando te reúnas a charlar con tus amigos o tu familia, hablarás de nuevo sobre esa novela que quieres escribir, esa película que quieres rodar, esa panadería que quieres abrir, y entre bostezos dirás que lo deseas, sin embargo... "es imposible". Aquí viene la primera pregunta incómoda: ¿estás haciendo algo para que sea posible? (Te la repetiré al cabo de un par de párrafos).

Lo que noto en cada conferencia que dicto, en cada *master class* que imparto, es que nos pasamos la vida creyendo que casi todo es "imposible". Es imposible que nos pase algo bueno, es imposible que nuestra realidad económica cambie, es imposible bajar de peso, tener un mejor trabajo, modificar nuestros hábitos; es imposible tener una relación sentimental apacible y duradera, es imposible comenzar nuestra propia marca, es imposible cambiar. Y a veces nos creemos esa historieta porque la gente que nos rodea nos lo dice todo el tiempo: "No, mira, no te va a salir, no vas a poder, eso ya lo intentó otro que sabe más que tú y no llegó a buen término, olvídalo, no es ni será posible". La gente que habla y habla, critica, bloquea e impide, es la gente que ni siquiera lo ha intentado, por eso es mejor que ni la escuches. Aquellos que sí han asumido el riesgo siempre te dirán "si no te atreves, nunca sabrás el resultado".

Los imposibles, la mayoría de ellos, los construimos nosotros mismos. Debemos dejar de llamarle "imposible" a aquello que no hemos intentado, que nos produce miedo o nos fuerza a pisar un terreno desconocido. Debemos dejar de llamarle imposible a lo que alguna vez comenzamos y nunca terminamos, a los proyectos de largo aliento que no se concretarán en un par de semanas y que demandarán que les dediques meses, años, lustros o décadas.

Para el neurólogo que me diagnosticó con epilepsia en mi infancia era imposible que yo pudiera tener una vida normal. Para el pequeño Millán que crecía entre carencias, convulsiones, disociaciones y tartamudez, era imposible salir de la pobreza, ser exitoso, buen deportista, generar vínculos y expresarse bien en público. Y, ya lo ves, al final todo se hizo realidad. No ocurrió en un pestañeo, fue producto de un proceso, y, sin embargo, el "*im*" se fue borrando y le dio paso al "posible".

Y eso es justamente lo que vas a aprender en este libro: cómo convertir esas metas que hoy parecen inalcanzables en inevitables. Para hacerlo, en la primera parte te contaré algunas de mis vivencias personales; desde cómo terminé corriendo mis primeros 50k cuando solo quería correr 10k, hasta cómo estuve a punto de morir en la Antártida, pasando por la vez que corrí durante siete días sobre la arena caliente del Sahara y, por supuesto, cuál fue la aventura que me llevó a ganar un récord Guinness. En la segunda parte te compartiré los aprendizajes y las herramientas que he recogido durante mis hazañas y que ahora utilizo como método para lograr mis metas y ayudar a otros a hacer lo mismo. Encontrarás cuestionarios, ejercicios, consejos y hasta meditaciones que te ayudarán a crear un plan para alcanzar tus metas y desafiar tus imposibles.

Mi objetivo es que mi historia te sirva de inspiración para construir la tuya. Que cada desafío que yo haya superado te motive a superar los tuyos, y que el método que te entrego te sirva, como a mí, para pasar del "imposible" al "posible", sin importar lo que digan los demás o de qué tamaño sea tu sueño. Si así lo quieres, este libro puede ser tu gran amigo en el camino, te dará ánimo, valor y te pedirá que te lances al vacío, no sin antes preparar muy bien tu paracaídas. Es la guía más cierta y el manual más honesto que puedo ofrecerte para que desafíes tus imposibles siguiendo un norte más claro.

¿Será difícil? Sí.

¿Será un proceso largo? Seguramente.

¿Enfrentarás el desencanto y el hastío? Por supuesto.

¿Aprenderás a ser más paciente? No te queda de otra.

¿Te la pasarás bien? ¡Casi siempre!

¿Tendrás un final feliz? Estás a punto de descubrirlo.

Toma de él todo lo que te sirva, deja de lado lo que, de acuerdo con tu meta y tus rutinas, le sume peso a tu mochila. Bébelo. Súdalo. Ponlo en práctica recordando que no es una camisa de fuerza. Hazlo tuyo porque tuyo es desde este instante. Y pase lo que pase, ¡nunca dejes de intentarlo!

Millán

PARTE I

ARENA Y HIELO

De cómo sobreviví a los lugares más extremos del mundo y gané un récord Guinness

1

“¡No hagas nada!”

La deuda interna

Nací el martes 22 de abril de 1980 a las 7:15 de la mañana en Guayaquil, Ecuador. Me encanta la fecha porque es el Día Internacional de la Madre Tierra. El presidente de la República en aquel entonces era Jaime Roldós Aguilera —también guayaquileño—, quien moriría junto con su esposa en un accidente aéreo el 24 de mayo de 1981, después de dar un discurso que terminaba con un “¡Viva la patria!”. En esos años la moneda nacional era el sucre, que valía muy poco, o casi nada, y la selección de futbol fracasaba en cada intento por clasificar a la Copa del Mundo.

Mi nombre completo, del que solo se acuerda una de mis novias de colegio, es Fernando Millán Ludeña Rodríguez. Mido 1.61 metros, dos centímetros menos que la estatura requerida para ser un oficial de la Marina en mi país (te lo explico en un ratito). Soy el segundo de tres hermanos. La mayor es Yunín; el menor, Israel. Mi madre se llama Amalia Mireya Rodríguez, aunque todos le decimos Yeya. Mi padre es José Manuel Ludeña, Pepe. Ella nació en Quevedo, una población ubicada en el centro de la región costera de Ecuador, proviene de una familia pobre y es la mayor de sus hermanos. Él es natural de Cariamanga, una ciudad que limita con Perú, es descendiente de hacendados y fue el menor de la casa; el niño mimado.

Su historia romántica comenzó en tierras guayaquileñas. Papá era estudiante de arquitectura y mi mamá, con esfuerzo, estudiaba Trabajo Social en la Universidad Laica. Un día, cuando Pepe había regresado a su ciudad natal, ella lo llamó para decirle que estaba embarazada. Mi padre colgó el teléfono. Lo colgó para, de inmediato, viajar a Guayaquil y reunirse con esa estudiante quevedeña de la que estaba enamorado. La historia que te narro tardé décadas en conocerla. El día que me la contaron, durante horas me quedé pensando qué hubiese pasado si él cuelga el teléfono y, simplemente, se olvida de esa llamada. Seguramente yo no existiría, o quizás sería otro, y no habría corrido en las profundidades de la Tierra, ni habría tenido la oportunidad de utilizar estas páginas para decirles a mis padres que los amo y los admiro por todo lo que han hecho por Yunín, por Israel y por mí.

Yeya y Pepe se las arreglaban como podían en un país con una economía muy frágil y agobiado por la deuda externa. Una deuda que poco les importaba porque ya tenían suficiente con la propia, la interna, la del día a día. El dinero no les alcanzaba para tener su propia casa o arrendar el lugar que soñaban para sus hijos. Durante varios años vivimos como una pelota de baloncesto, rebotando de un lado a otro. Papá trabajaba en un mercado informal de prendas de vestir vendiendo pantalones. Mamá se encargaba de cuidarnos y de estirar el dinero para que no faltara la comida en la mesa.

El primer espacio al que puedo llamarle hogar, y que habitamos más de una década, estaba ubicado en un barrio marginal, en el centro de la ciudad. Para que te hagas una idea más precisa, imagínate que vivíamos en una vecindad como la de *El Chavo del 8*, rodeados de muchos familiares y tíos. Aunque estábamos acompañados, yo recuerdo esos meses y esos años como una batalla constante. Una prueba de supervivencia. Papá tenía que reunir a diario entre 4 000 y 5 000 sucres para cubrir nuestros gastos más básicos. Yo, entre tanto, observaba la realidad de mis padres y me repetía a diario que no quería convertirme en una pesada carga adicional.

Mi infancia olía a café liofilizado, a pescadito frito, a huevo duro cocido y agua de manzanilla. Si en aquella época hubiesen existido los *influencers* de la nutrición, seguro que habrían dicho que nuestra modesta dieta estaba compuesta por "superalimentos". Comíamos mucho hígado, porque era más barato que la carne de res; bueno, los *influencers* habrían afirmado: "Una gran fuente de proteína, vitamina B12 y hierro". Betabel, "una raíz de propiedades antiinflamatorias que además ayuda al desempeño deportivo". Huevo, "otra valiosa fuente proteínica, muy valorada por su contenido de colina". Muchísimos granos y arroz, "una mezcla que proporciona los aminoácidos necesarios". ¡Y nosotros no lo sabíamos! Cuando le metes *marketing*, la pobreza suena más bonita. Las que no eran tan bonitas eran aquellas noches en las que teníamos que compartir una lata de atún porque no había cómo para pagar otros "superalimentos".

Aun así, mis padres, maestros en acrobacias económicas, nos inscribieron en el colegio más caro que podían pagar; para ellos era muy importante que sus hijos tuviesen una educación digna. En la casa y en el barrio escuchaba a los adultos repetir: "Con una carrera progresarás. Si estudias tendrás más dinero". Teoría que desde muy chico puse en duda porque algunos de nuestros vecinos, que habían terminado la secundaria, eran más o igual de pobres que nosotros. El estudio era importante, solo que necesitabas algo más para abandonar estas calles. Debías ser inteligente.

En ese entonces, conocía gente inteligente que no tenía profesión, y gente con profesión que destacaba en otros ámbitos. Los inteligentes, de acuerdo con mis observaciones, eran aquellos que siempre estaban dispuestos a aprender. Los inteligentes solían tener más dinero, sabían de matemáticas y además leían libros, periódicos y revistas. Yo cumplía con al menos uno de esos requisitos, era muy bueno en aritmética. Me preguntaba si alguien como yo podría llegar, algún día, a estudiar en una universidad prestigiosa, a conocer a un presidente, a salir en las noticias, escribir un libro, ser un reconocido deportista de aventuras extremas, protagonizar una película o, incluso, viajar al espacio. Al repasar las evidencias lo ponía en duda. Era bajito, debilucho y flaco —mis tíos, en broma, me llamaban Rambito—. Y eso era solo lo físico. En lo personal, era tímido, introvertido, tartamudo, pobre, y ahora, además, estaba a punto de descubrir que tenía esa enfermedad que comenzaba por "epi" y terminaba en "lepsia". Lograr lo que soñaba parecía imposible.

El paréntesis

La primera vez que ocurrió fue un martes en la mañana, cuando me alistaba para ir al colegio. Estudiaba en una institución masculina, religiosa, con un nombre poco santo: Dante Alighieri. En aquel entonces nada sabía de *La divina comedia* o del viaje que emprende su autor por los círculos del Infierno, sin embargo, dentro de algunos minutos comenzaría mi propio recorrido por los círculos de la incertidumbre. Mamá estaba al otro lado de la casa, en la cocina, esperando que le diera la señal habitual para salir hacia la escuela. Ese día no fue así.

Mi mano izquierda comenzó a temblar, sentí un intenso hormigueo, un estremecimiento fuerte y caí en el vacío. No recuerdo nada más. Silencio. Un extenso fundido a negro. Un paréntesis sin frases dentro, como el que ves aquí:

( ).

Siento moverme. Alguien me sacude. Empiezo a despertar (a salir del paréntesis). Siento las manos de mamá sobre mi cuerpo. Escucho su voz como un murmullo creciente. No comprendo por qué me agita de esa manera. No comprendo lo que dice. Abro los ojos con lentitud. ¿Qué pasó? ¿Por qué estoy acostado sobre el colchón? ¿Me desmayé? (Los desmayos son así, en la tele son así, alguien cae, se desconecta y se vuelve a despertar). Ahora sí escucho perfectamente que mamá grita que me levante, que se nos hace tarde para llegar al colegio, que no entiende cómo, si estaba tan despierto y listo para salir, se me había ocurrido seguir durmiendo. "¿Qué te pasa, Millán?". Yo no tenía la respuesta.

Dante Alighieri, ahora lo sé, lo habría dicho así: "Rompió mi sueño un trueno estrepitoso [...] y en mí volví, cual quien despierta ansioso". Solo que en esa época mis palabras fueron otras.

—Mami, yo no me dormí —dije.

—Vamos, que llegamos tarde —respondió.

En el colegio seguí la rutina de siempre. Ocupé mi sitio en las primeras filas del aula y, en clase de matemáticas con el profesor Calle, *aquello* volvió a suceder. Esta vez no había un colchón. Caí de espaldas en el piso. Al abrir los ojos noté las caras de sorpresa y desconcierto de mis compañeros de clase. "Millán, estabas temblando", me dijo alguno. Me llevaron entonces al dispensario médico, un salón de paredes blancas con un ventilador en el techo. Me dejaron ahí, acostado. Yo seguía sin saber qué sucedía. Otro desmayo, pensé. No mucho después llegó mamá y juntos regresamos a casa. Me preparó una sopa de pollo y agua de hierbaluisa.

Durante la tarde me entretuve solo, me olvidé del mundo jugando partidos de futbol imaginarios con las canchitas de papel que solía crear con mis propias manos. Luego llegó mi hermana mayor, Yunín, quien tenía apenas 12 años. Mamá le contó lo sucedido y se quedó observándome intrigada. Unas horas después, con ella como testigo, llegó el tercer aviso. El corrientazo en el brazo izquierdo.

"Yunín, me va a dar, ¡me va a dar!". Y me dio.

Cuando abría los ojos, al salir del paréntesis, regresaba al mundo consciente muy relajado. Tranquilo. Después del sacudón me sentía en paz. Liberado. Esta vez, lo que me inquietó fue descubrirme en la cama de un hospital. Me estaban haciendo un lavado gástrico. Quizás creyeron que me había intoxicado. Pasé la noche allí. No sé quién habrá pagado la factura, esa clínica estaba muy lejos de la realidad económica de mis padres. Seguro que alguno de mis tíos paternos se encargó de la cuenta.

Durante las semanas siguientes notaba cómo mi familia y los chicos de la escuela se comportaban conmigo de manera extraña. Nadie mencionaba lo ocurrido. Yo me sentía aislado y extraviado. Algo raro pasaba. Mis dudas crecieron con la inevitable seguidilla de exámenes médicos, tomografías y encefalogramas. ¿Qué buscaban en mi cerebro? ¿Había enloquecido? ¿Iba a morir?

—Mami, ¿qué pasa?

—Nada, hijo, nada.

Fue así como mi madre y yo llegamos al consultorio del neurólogo. El doctor... no lo sé; a pesar de que tengo buena memoria, he olvidado su nombre y, lo más importante, su apellido. Los tengo bloqueados. ¿Te has preguntado alguna vez por qué solemos recordar a los médicos por sus apellidos y no por sus nombres? El doctor Sánchez, el doctor Cedeño, el doctor Vera; nunca los recordamos como Carlos, Iván o Augusto. Esa mañana, el doctor sin nombre ni apellido me explicó que había tenido convulsiones —el hormigueo en el brazo, el estremecimiento incontrolable—, unos episodios que se producían cuando mis neuronas, las pequeñas células de mi sistema nervioso, mandaban demasiadas señales (todas al mismo tiempo) a mi pobre cerebro que, incapaz de procesar tantos datos, colapsaba y se desconectaba. Por eso perdía la conciencia.

Al saber que había tenido más de dos eventos convulsivos en un día, y apoyado en los resultados de los exámenes médicos y las imágenes diagnósticas, el neurólogo me dijo: "Sufres de epilepsia". No recuerdo haber escuchado esa palabra antes. *Epilepsia*. "Para estar a salvo, un niño epiléptico debe llevar una vida muy distinta a la de sus amigos y...". El especialista describió durante algunos minutos todas las actividades, planes y rutinas que debía dejar de lado. En resumen, su idea era que no hiciera nada. Que estuviera en casa, muy tranquilo, siempre visible ante los ojos de mis padres o mis familiares, que tuviera precauciones, y que no olvidara tomarme los medicamentos que me recetaría para evitar posibles recaídas.

—Doctor, ¿por qué no puedo hacer nada?

—Porque eres epiléptico.

—Yo me siento muy bien. Tengo muchas fuerzas, juego bien al futbol, no me faltan ni un brazo ni una pierna. Me va bien en matemáticas. No entiendo.

—Tienes epilepsia, Millán.

Miré a mamá esperando una réplica. Ella, de manera respetuosa, le dijo al doctor que no estaba de acuerdo con su dictamen. "Sabemos que en este consultorio usted es la voz autorizada. Usted es el hombre de ciencia. El experto. Yo no tengo sus estudios, ni su experiencia, ni su conocimiento, sin embargo, más que un diagnóstico, usted nos está dando una condena y no la vamos a aceptar. Sus palabras pretenden acabar con el futuro de mi hijo. Si esas son las opciones que nos ofrece, mejor nos vamos". El doctor la miró en silencio y le respondió que él no podía hacer nada más, que no podía cambiar el destino de nadie. Nos fuimos sin despedirnos.

Salimos a las calles de Guayaquil y tomamos el transporte público, uno de esos camiones viejos, pequeños, pintados de blanco, naranja y azul celeste, que se detenían donde les daba la gana, en cada esquina, en la mitad de la calle, en cualquier parte donde los transeúntes extendieran la mano, provocando que las cabezas y los cuerpos de los pasajeros se zarandearan de manera violenta ante cada frenazo inesperado. Yo apretaba entre mis manos la barandilla de metal del asiento de adelante. Incliné la cabeza, la recosté sobre el vidrio de la ventanilla y, mientras el vehículo avanzaba, yo pensaba en la nueva palabra que había aprendido, la palabra con la que pierdes todo y te quedas en la nada: *epilepsia*.

En medio del olor a metal, sudor y humo, con el ronco ruido del motor de fondo, intento descifrar el extraño diagnóstico que nos acaba de dar el médico y sus aún más confusas recomendaciones: "Mira, sé que aún eres muy pequeño y te costará comprenderlo, sin embargo, para que estés a salvo y evitar sorpresas desagradables, lo mejor es que de ahora en adelante no hagas nada". Al menos eso es lo que creí escuchar. ¡Chuta! Nada. Abandonar los deportes, el futbol y no ir al estadio. Mantenerme lejos del mar y de las piscinas. No estar mucho tiempo fuera de casa y jamás salir sin la compañía de mis padres o de algún adulto que supiera qué hacer en caso de... en caso de que *aquello* volviera ocurrir.

Mamá miraba al vacío. En sus ojos perdidos veía una profunda preocupación, aunque ella intentaba ocultarla, como lo hacen todas las mamás del mundo cuando han recibido una mala noticia. De pronto se giró. Su rostro se iluminó, me tocó el hombro y dijo: "Escúchame bien. Muy bien, Millán. No importa lo que haya dicho el doctor, **a veces, en la vida tienes que aprender a rechazar tu destino**". Yo asentí, distraído, sin comprender muy bien qué intentaba decirme. "¿Me entiendes?", siguió. Asentí otra vez, más por reflejo que por convicción. En aquel momento no sabía que, con esas frases, había cambiado mi vida para siempre.

El destello

La epilepsia, según el informe publicado por la Organización Mundial de la Salud en 2019, podría definirse como "una enfermedad cerebral caracterizada por una actividad eléctrica anormal que provoca convulsiones o comportamientos y sensaciones inusuales, y, a veces, pérdida de conciencia". En el estudio se estima que la padecen cerca de 50 millones de personas en el mundo. En un artículo de la *Revista Ecuatoriana de Neurología*, se postula que, en mi país, entre siete y 12 de cada 1 000 personas viven con esta realidad. Una incidencia muy similar a la que se presenta a nivel global. Son muchas las posibles causas de esta afección, quizás sufriste algún traumatismo o incluso de hipoxia —no llegaba suficiente oxígeno a tu cerebro— cuando estabas en el vientre materno. Tu epilepsia podría estar relacionada con algún trastorno genético, con un accidente cerebrovascular, un tumor o una infección cerebral (como la meningitis). Sin embargo, un muy alto porcentaje de casos epilépticos presentan un origen "idiopático", en otras palabras, se desconoce qué los provoca.

Se sabe, y en eso coinciden los investigadores, que la epilepsia es tan antigua como el hombre mismo, que en algunas culturas asociaban las convulsiones con posesiones demoniacas, y que la han padecido ilustres escritores como Fiódor Dostoievski (autor de *Crimen y castigo*), Gustave Flaubert (*Madame Bovary*) o Lewis Carroll (*Alicia en el país de las maravillas*), músicos como Prince, el rapero Lil Wayne o Elton John, artistas como Vicent Van Gogh y actores como Danny Glover (la dupla de Mel Gibson en la saga *Arma Mortal*). Algunos historiadores y estudios médicos sugieren que dos de los líderes más emblemáticos de la historia, Alejandro Magno y el emperador Julio César, vivieron con epilepsia.

Hay convulsiones focales y generalizadas, dependiendo de la zona del cerebro donde se producen. Y entre unas y otras podrías presentar convulsiones de los lóbulos temporal, frontal u occipital; o convulsiones tónicas, atónicas, clónicas, mioclónicas o tónico-clónicas. De todas maneras, cuando sientes una convulsión jamás piensas en su definición. En mi caso solo sabía que después de ella vendría el paréntesis.

( ).

Una tarde, pocos días después de la cita con el neurólogo, me atreví a preguntarle a mi madre qué era la epilepsia. Ella me dio la mejor explicación que he escuchado jamás. Me miró a los ojos con tranquilidad y me dijo: "Mira, en tu cerebro hay unas células que se llaman neuronas. Ya te hablaron de las células en el colegio, ¿no?". Respondí que sí. Las células están por todo el cuerpo, mamá. "Las neuronas de todos, las mías, las de tu padre, las de tus hermanos, se mueven con velocidad para ayudarnos a pensar y a realizar muchas de nuestras tareas diarias, desde las más sencillas hasta las más difíciles". Le pregunté si las neuronas nos ayudaban a jugar al futbol, ella contestó de manera afirmativa. "Lo que pasa con las tuyas, Millán, es que se mueven muchísimo más rápido que las de los demás y a veces son tan veloces que te provocan esos momentos en los que te caes". ¿Y por qué mis células se mueven de esa manera tan acelerada?, pregunté. "Porque eres más inteligente que los otros niños", concluyó. Yo no quise hacer más cuestionamientos y creí sin reparos en su versión.

—¿Y qué hago si me vuelvo a caer, mamá?

—Lo de siempre, hijo, te vuelves a levantar.

Con lo que me dijo Yeya sembré en mí esa creencia, y con esa forma cambié mi actitud hacia la realidad epiléptica. Mis células cerebrales se movían más rápido. Yo era más inteligente, dicho estaba. Semanas más tarde, cuando una de mis abuelas insistió en llevarme con una bruja, para que intentara resolver de manera sobrenatural lo que la ciencia aún no había logrado, tuve otra revelación. La curandera, con sus ojos muy abiertos, me dijo que veía una estrella dentro de mí. "Este niño tiene un destello", le aseguró a mi abuela. Chuta. ¡Qué buenas noticias!

El fantasma

La primera vez que conseguí frenar una convulsión estaba en medio de un almuerzo. Sentí que el ataque llegaría —mi mano derecha comenzó a temblar— y me fui de inmediato al baño. Me paré en frente del espejo. Abrí la llave del lavamanos, me mojé la cara. En aquel entonces no sabía nada de respiración consciente, de meditación o *mindfulness* (atención plena). Por instinto comencé a inhalar y a exhalar de manera profunda. Me concentré en el aire que salía y entraba por mis fosas nasales. Al cabo de algunos segundos el temblor de mi mano había desaparecido. Me miré extrañado en el espejo. ¿Qué hice? ¿Qué carajos hice? ¡Lo detuve! Me iba a dar y lo detuve. Esa noche tardé mucho en conciliar el sueño. Mi cerebro matemático repasaba una y otra vez la escena del baño. Buscaba un patrón. Una clave maestra. Si lo había logrado una vez, podría lograrlo de nuevo. ¿Cuál fue el antídoto? ¿El agua en la cara? ¿El resistirme al ataque sin violencia y con voluntad? ¿La respiración?

Cada vez que notaba un leve indicio de convulsión, repetía la secuencia "sanadora" de ese día. En ocasiones fallaba y terminaba en el piso, derrumbado, víctima del paréntesis. Las neuronas aceleradas, como bólidos sin control en una carrera de fórmula uno, se salían de la pista. Al abrir los ojos me volvía a levantar, como había dicho mamá. Sin embargo, fueron muchas más las veces que permanecí de pie.

Pensé que ya lo sabía todo sobre la epilepsia. Que podría guardar el secreto de mis temblores porque ya casi nunca me desbordaban. La epilepsia pensaba otra cosa. Tenía 15 años. Estaba en la piscina con algunos de los chicos de la escuela. Supongo que hablábamos de esas cosas tontas que suelen ocupar nuestras cabezas en la adolescencia: los profesores, las calificaciones, el futuro; y también habremos hablado de los temas importantes: las chicas, el futbol, la nueva película de Sylvester Stallone —uno de mis grandes ídolos—. De pronto sentí que las baldosas de las paredes de la piscina comenzaban a subir ante mis ojos. ¡Qué raro! Luego noté que era yo quien descendía, rígido y pesado como una estatua, en cámara lenta, hacia el fondo de la alberca. Resignado, pensé en mi madre y acepté que mi vida llegaba a su final con esta inmersión involuntaria. Todo se nubló. Perdí el sentido.

Al recobrar el conocimiento, estaba lejos del agua, recostado sobre el suelo. Resucitaba. Había muchos rostros observándome y murmullos agitados. "Millán, Millán, ¿qué te pasó?". Comprendí que, cuando el paréntesis te sorprende en una piscina, o en el mar, o al filo de un risco, es probable que nunca más te despiertes. Ese día capté el mensaje que me daba la epilepsia. Si quería incrementar mis esperanzas de vida, no podía ocultar la verdad, y la verdad era que, aunque rara vez presentaba una convulsión, podía ocurrir. Como un acto de responsabilidad, hacia mí y hacia los demás, debía contarlo: "Tengo epilepsia". Me daba vergüenza hacerlo público porque no quería que los demás me percibieran como alguien raro, frágil o indefenso. Luego entendí que si lo hablas, las personas con las que te rodeas estarán más pendientes de ti y podrán actuar de manera acertada si llegas a tener un episodio incontrolable. Cuando te permites ser vulnerable no te haces más débil, todo lo contrario: te haces dueño de ti.

En ocasiones, el fantasma de la epilepsia vuelve a aparecer. Ahora que viajo sin descanso para presentar mis charlas y seminarios por todo el mundo, en coliseos, arenas, en salas de conferencias, el fantasma me susurra en la soledad de la noche, en el cuarto del hotel de alguna ciudad lejana. Es el fantasma de la epilepsia. La posibilidad inminente de que un ataque me tumbe al suelo, como sucedió cuando era muy niño. Hace décadas no sucede, sin embargo, me lleno de preguntas. ¿Qué pasaría si llego a convulsionar? ¿Quién se enteraría? ¿Quién me ayudaría? El fantasma aparece, también, cuando hablo mucho sobre él —suele ser un tema recurrente cuando me entrevistan—; y, al revisar mi historia, escribiendo este libro, el fantasma sonriente me ha recordado que ahí está, en mi inconsciente, esperando salir de su guarida en mis momentos de duda.

Al darme cuenta de su presencia experimento una sensación muy parecida a la ansiedad. Y, como es un invitado inoportuno e insoportable, lo alejo pronto con una buena dosis de inhalaciones y exhalaciones. Después de tantos porrazos contra el suelo, comprendí que si yo lo "invito" a casa, al recordarlo, al evocar mis miedos pasados, al experimentar en mi mente lo que sentí cuando era chico, yo también lo puedo echar a la calle, saliendo de ese pasado y regresando al momento presente y permitiéndome creer en otras posibilidades. Hoy, con lo que he aprendido en terapia y en mis clases de Psicología, identifico mejor las señales que me da el fantasma. Incluso podría sacarlo de su escondite para provocarme un ataque si esa fuese mi voluntad. Lo reconozco porque me conozco. Y con ese conocimiento —que reviso y actualizo cada día— vivo mi vida fuera del paréntesis. De hecho, ahora veo aquel paréntesis de otra forma, he invertido su posición y lo he convertido en un escudo que me protege por ambos costados. Antes, el paréntesis era provocado y habitado por el fantasma. En su versión actualizada, el fantasma está atrapado en su prisión, arrinconado por dos escudos de poder, como puedes verlo enseguida.

ANTES:
(FANTASMA)

AHORA:
)FANTASMA(

Robar un banco, viajar en un libro

No me agradaba ser tan bajito, lo veía como una dificultad, hasta que en clase de Historia nos presentaron a Napoleón Bonaparte, un hombre de corta estatura, decía el profe, que ganó grandes batallas. Hoy sabemos que el emperador francés no era tan pequeño, medía 1.68 metros —por fortuna, mi profesor lo desconocía—, y también que, en el transcurso de su vida, tuvo epilepsia —dato que lamento no haber sabido antes—. Yo compensaba mi falta de estatura con el buen desempeño estudiantil. Estaba muy concentrado en darle a mi cerebro todo el conocimiento que pudiera y dejar de lado la pobreza.

Estaba algo obsesionado con esas dos ideas. Muchas veces, cuando mi mamá iba a realizar alguna transacción en un banco, yo me ofrecía a acompañarla y llevaba conmigo una libreta y un lápiz. Ella me miraba extrañada. Cuando llegábamos, yo comenzaba a contar cuántos pasos de distancia había entre el guardia de seguridad y los cajeros, por ejemplo, y lo anotaba en el papel; o cuántos pasos había entre la ventanilla de servicio al cliente y la puerta de salida. En mi propia ficción adolescente estaba planeando un gran robo —como lo había visto en muchas películas—, un acto que requería de mucho ingenio y que, si resultaba, nos permitiría a todos abandonar la pobreza. Nunca lo hice, iba en contra de mi naturaleza, aunque me divertía creando el plan irrealizable en mi mente.

En todo caso, los asaltos a las entidades bancarias me parecían menos interesantes que las nuevas historias y aventuras que empezaba a descubrir en los libros y en las revistas. Quería convertirme en un gran lector porque, con cada nueva página que llevara a mi cabeza, sería todavía más inteligente. Mis padres compraban libros de segunda mano y descubrieron que los más baratos eran aquellos escritos en inglés, que poco o nada les importaban a los habitantes de los barrios marginales. Al tener un precio tan bajo, muchos de esos textos llegaron a mis manos, acompañados de un diccionario de inglés, con el que me ayudaba a entender, a la fuerza, lo que sucedía en cada capítulo. No sé si la versión que yo imaginaba, con la ayuda del pequeño Larousse, coincidía con la que el autor había escrito, solo puedo decir que leía con un gusto enorme.

Así que era un niño, digamos, inteligente: leía, sobresalía en matemáticas, estaba cumpliendo con mi trabajo, aunque al parecer eso no era suficiente todavía para alejarme de aquellas calles. Empecé a preguntarme entonces: ¿qué hacen los ricos? Como no conocía a ninguno que pudiera responderme, creé mi propia estrategia: no sabía cómo se comportaban los ricos, y en cambio sí sabía cómo se comportaban los pobres. Podía entonces comportarme como un no pobre. Si los asalariados de mi barrio se amontonaban en las tiendas de la esquina a tomar cerveza cada viernes que recibían su quincena, yo, cuando creciera, no lo haría. Si mis vecinas decían que era mejor ver la telenovela que leer un libro, yo me encerraba a leer más. Si escuchaba que los mayores, vencidos, repetían que la pobreza era una condena y no se podía luchar contra ella, yo repetía en mis pensamientos que sí se podía.

Mi anhelo no era escalar en la pirámide social para convertirme en una persona "bien" o "muy bien", como se dice en Latinoamérica; no añoraba un Porsche o un Jaguar, o un reloj de marca, o el reconocimiento de los demás, solo aspiraba a tener una educación que pudiera pagar —en varios momentos de mi adolescencia tuve que abandonar las clases durante algunos días porque mis padres no estaban al día con la mensualidad—, a mejorar la vida de mi familia, tener un trabajo digno y formar mi propio hogar. Y esto lo podría conseguir, según mi hipótesis, con los comportamientos y los pensamientos de un no pobre.

Top Gun

Cursé mi bachillerato en una escuela de educación militar, lo que me parecía perfecto porque soñaba con ir a la Marina, vestir el uniforme blanco y convertirme en un doble de Maverick, el personaje que interpretó Tom Cruise en *Top Gun* (1986). En esta escuela había adoptado una nueva identidad, me llamaban el Loco Willy, era un chico rebelde y, a pesar de mi tartamudez, un gran contador de historias. Yo, el bajito que nunca se estiró, pasaba los días con los chicos mayores y más altos de la institución, quienes siempre querían escuchar mis relatos. Era su noticiero, su radio, su distracción. La información que les daba la sacaba de los libros y las revistas que leía.

Hacía mis travesuras, sin embargo, no podría decir que era el niño malvado de la clase. Era mi manera de luchar contra el sistema. Debajo de esa etiqueta de alocado y hablador, yo seguía fiel a mi rutina solitaria y seguía resistiéndome (de manera inconsciente) a crear vínculos fuertes y duraderos con mis compañeros de clase. Era un *underdog*, me gustaba verme así, como ese personaje ambiguo, sin capa ni escudo, capaz de convertirse, contra toda lógica, en el héroe de la película.

Al terminar la escuela, los sueños heroicos del Loco Willy fueron, sin más, triturados por el sistema. Este me avisaba que no sería tan fácil librarme de él. "Te faltan dos centímetros, niño miniatura", me dijo en su momento. Yo quería convertirme en oficial de la Marina. De todas las fuerzas armadas era la que más me interesaba porque, me habían dicho, sus cadetes eran los que recibían la mejor preparación intelectual. La Armada lo reunía todo, el uniforme más elegante, el aire *Top Gun*, y la educación ideal. Llené entonces la solicitud, muy esperanzado. Conocía bien el ambiente militar, qué podría salir mal. Recibí una respuesta demoledora. Nadie reparó en mis capacidades, el sistema solo se fijó en mi altura, mi no altura. La estatura mínima requerida para el ingreso en la naval era 1.63 metros. Yo medía 1.61. "¡Qué estupidez! —pensé—. Seguro que si voy hasta sus oficinas y les cuento quién soy, y les hablo de mi sueño de ser parte de la Armada y de todo lo que podría aportarles, se olvidan de la estatura y me piden que me enliste". Estaba seguro de que podría convencerlos. Las palabras persuasivas del Loco Willy abrían muchas puertas.

Tomé un camión hasta esa dependencia. Estaba optimista. En el recorrido entrené mi discurso. Al llegar, expliqué en la entrada que necesitaba hablar con el director. Por error había quedado fuera de la Armada y él, seguro, después de atenderme, lo podría solucionar. Me pidieron que esperara. Y esperé. Una, dos, tres horas. Y más. Nadie me daba una razón. Esperé todo el día. Yo iba a seguir ahí, si era necesario, el siglo entero. Asombrado por mi persistencia, el funcionario encargado me atendió a regañadientes. De entrada, me explicó que no cambiaría su postura, yo no podría ser marino. Le dije que no insistiría más, que no me volvería a ver y le pedí a cambio una explicación sensata para marcharme más tranquilo. ¡Dos centímetros! ¿Qué puede hacer alguien con dos centímetros de más? ¿Cambiar las bombillas en una fragata? ¿Te hacen más capaz o más inteligente esos dos centímetros? Señor, cualquiera que sea su nombre, esto no tiene sentido.

Hubo un largo silencio. Al ver su cara, comprendí que nunca, en todos sus años de servicio, se había hecho esa pregunta. No le interesaban los interrogantes, ¿para qué? Él seguía órdenes, la vida es más sencilla así. Hay un manual de reglas, y él las cumplía al pie de la letra. El que obedece no se equivoca, suelen decir los empleados de las oficinas. Insistí con mi cuestionamiento. Seguro que en una institución histórica como esa tendrían una respuesta muy clara para una pregunta tan sencilla. La contestación no llegó, quienes sí llegaron fueron los de seguridad, que me acompañaron a la salida, librando a su jefe de la molestia de pensar. Regresé a casa triste y a la vez satisfecho.

Sumé en mi libreta otro sueño frustrado. El segundo. El primero había sido el de convertirme en un famoso jugador de futbol. Desistí porque, aunque tenía talento y entrenaba duro, en las canchas descubrí que no era un Maradona o un Messi. Y si no iba a ser uno de los mejores del mundo, entonces no me interesaba. No podría seguir el rumbo de Maverick, no vestiría la camiseta del Barcelona y no llevaría a Ecuador a su primer Mundial. Comenzaba a acumular muchos "no" en mi mochila adolescente.

La estadística del póker

La escuela había terminado, era el momento de comenzar la vida universitaria, y estaba desorientado, indeciso. El rechazo de la Marina aún dolía. Sentí que necesitaba una temporada lejos de tierra firme para volver a enfocarme. Encontré un trabajo como asistente de mecánico de barcos. Y no hablo de buques o estilizados yates, eran barcos de pesca artesanal. Zarpábamos hacia la zona de Esmeraldas, al norte de Ecuador, en los límites con Colombia, y allí cumplíamos con nuestra labor. Mis días transcurrían en el mar, lejos de aquellos uniformes blancos que anhelé vestir. Mi ropa y mi piel siempre estaban engrasadas, era un marinero de la escala más baja, siempre sucio y sudoroso, solitario, aunque también feliz. Jamás pensé que, en estas embarcaciones tan sencillas, la hora de la comida traería tan deliciosas sorpresas, y que aquí nacería mi afición por el póker.

Gracias a este juego de mesa, que descubrí en altamar, elegí mi ruta universitaria. Noté que el póker tenía una estrecha relación con esa materia que me había interesado siempre en el colegio: las matemáticas. Además, retaba mi inteligencia. Concluí que la carrera con la que consolidaría mis conocimientos en aritmética, y así convertirme en el amo de los naipes, sería la Ingeniería en Estadística, que ofrecía la Escuela Superior Politécnica del Litoral (Espol). Para entrar en ella, sin hacer el curso preparatorio (que duraba tres meses y costaba 800 dólares; un dinero que no tenía), debía aprobar un exigente examen de admisión. Era todo o nada. En la proa del barco, en las noches con olor a pescado y las horas muertas, sucio, engrasado y cansado, estudiaba para la prueba. Necesitaba un puntaje de 12 sobre 20 para ser aceptado. ¡Saqué 12! Mis padres no lo saben —se enterarán al leer este libro—, estudié estadística porque quería convertirme en jugador de póker profesional. Esa es la verdad. Ese fue el norte que encontré en el mar.

Les dije adiós a mis compañeros del barco y comencé mi etapa universitaria. Ya no era el Loco Willy, sin embargo, mi rebeldía seguía intacta. Y en la Espol conocería a otro estudiante inconforme. Un chico de buena cuna y recursos económicos llamado Andrés, quien se convertiría en fiel amigo y cómplice en este nuevo intento por cortar la telaraña. Éramos insoportables, nos sentábamos en las últimas filas, al fondo del salón, no tomábamos apuntes, no nos mezclábamos mucho con los demás y aprendíamos muy rápido. En las mochilas no cargábamos libros, solo una cajetilla de cigarrillos y una caja de naipes. Había olvidado decir que Andrés amaba el póker y, aunque no se convirtió en un jugador profesional, obtuvo su doctorado en optimización y hoy lidera el principal centro de investigación en inteligencia artificial del país.

Entre partida y partida fuimos descubriendo a los grandes pokeristas de la historia, como Doyle Brunson, autor del famoso libro *Super System* —el álgebra de Baldor de esta disciplina—, publicado a finales de los setenta. Al inicio de este, advertía: “Más que en cualquier otro juego”, tu desempeño en el póker “dependerá de que entiendas a tu oponente”. El Padrino, así lo apodaban sus discípulos y rivales, murió en mayo de 2023, a los 89 años. También nos interesaban las hazañas de Stu Ungar, The Kid, un jugador de inteligencia superior, arriesgado, agresivo y algo alocado —algunos afirmaban que era el Jim Morrison de esta disciplina—. Nos sorprendía su brillantez, aunque no queríamos acabar como él. Murió en 1998, a los 45 años, en un hotel barato de Las Vegas. A pesar de que en su sangre había rastros de cocaína, la causa de su fallecimiento no fue una sobredosis, fue un ataque cardiaco. De otro lado, varias de las estrellas de la baraja tenían a sus espaldas especializaciones y doctorados en ciencia y matemáticas. Yo imaginaba que Andrés y yo terminaríamos viviendo en Nevada y viajando por todo el mundo por cuenta de esa pasión.

Nuestras mentes eran máquinas procesadoras de números y teoremas. Nuestra arrogancia era infinita. Muchas veces, durante las temporadas de exámenes, antes de presentar las pruebas nos íbamos a su casa, nos preparábamos algún coctel etílico y regresábamos al salón. El mensaje era claro: somos tan buenos que hasta borrachos podemos sacar las mejores calificaciones. Y las sacábamos. Éramos un par de locos competitivos, enamorados de los números, que buscaban su lugar en el mundo.

Fue en esa época en la que Andrés me presentó el filme *El indomable Will Hunting* (*Good Will Hunting*, 1997), dirigido por Gus Van Sant. En esta historia genial, de amistad, inconformidad y matemáticas, ganadora de dos premios Oscar, sé que estamos él y yo, Andrés y Millán, aunque no salgamos en los créditos y en nuestro lugar aparezcan Ben Affleck y Matt Damon. Cada vez que la pongo, nos veo ahí.

Me sentía tranquilo en la Espol. Tal vez demasiado tranquilo, y con eso recordé cuánto añoraba tener una experiencia estudiantil en el extranjero, ojalá en Harvard. Ni con mi cuenta bancaria, ni con mi inglés aprendido con mi diccionario Larousse, ingresaría en esa universidad. Sin embargo, había pensado que el primer escalón para llegar hasta allá podría ser una formación tradicional en Zamorano (la Universidad Agrícola Panamericana). Una institución *top* estadounidense, de excelente reputación, registrada en Delaware, cuyo campus se halla en Honduras, a 30 kilómetros de Tegucigalpa. Tenía claro que la única manera de dar ese salto era obteniendo una beca total. De lo contrario, no podría sobrevivir lejos de casa.

Mis pies estaban en la Escuela Superior Politécnica del Litoral, mi cabeza y mis deseos en Zamorano. Al revisar una y otra vez el folleto promocional de la universidad, me visualizaba en sus aulas, sin saber que estaba poniendo en práctica mis propias profecías autorrealizables, de las que te contaré en la segunda parte de este libro. Apliqué y conseguí una beca que cubriría el 25 % de la carrera que eligiera, que sería Agronegocios. Sin embargo, ese porcentaje no bastaba. Dije "gracias, hasta la próxima" y al año siguiente me ofrecieron una beca por el 50 %. Debía ser honesto, tampoco me alcanzaba y no pude aceptar. Un año después, el ofrecimiento fue por el 75 %. Estaba cerca. Me costó negarme, les expliqué de nuevo mis condiciones financieras. Y cuando creí que estaba todo perdido, y cursaba el cuarto año de Estadística en la Espol (cerca del final de la carrera), me llamaron para ofrecerme la beca total. Una persona sensata y en sus cabales habría preferido terminar lo comenzado. Yo, un temerario soñador, sentí que mi camino estaba en Honduras y para allá me fui.

Las manos

La primera vez que me subí a un avión y que salí de Ecuador fue, precisamente, para viajar a Honduras y empezar mis clases en Zamorano, a principios de siglo. Tomé una decisión arriesgada, dejé atrás el "mundo conocido" y me lancé a la exploración. Hoy sé que necesitaba abandonar la zona segura, dirigirme hacia lo incierto, para comenzar a concretar mis imposibles. Al igual que Will Hunting, al final de la película, dejé de lado el miedo al cambio y emprendí mi nueva ruta.

Estaba emocionado y asustado. Llegué de noche. Me presentaron a mi compañero de habitación, el que más adelante se convertiría en uno de mis mejores amigos: Gabriel Piedrahita. Al día siguiente me di cuenta de que yo era uno de los estudiantes de mayor edad, por eso mi apodo, durante toda la carrera, fue Vieja 05. Tenía 22 años, y la mayoría de los chicos de mi curso apenas habían cumplido los 18 o 19. Siempre destacaré la metodología de enseñanza de la Universidad Agrícola Panamericana que une, desde el primer año, la teoría con la práctica. Lo que aprendías en clase lo aplicarías dentro de poco en el campo, en la granja, en los cultivos. Nuestras manos tomaban apuntes en los salones y luego las cubríamos con tierra o de estiércol de vaca en los sembrados, en los corrales. Era la manera ideal de aprender. La institución, sin embargo, tiene una estructura vertical, rígida y un poco militar. El alumno de segundo año cuenta con más "autoridad" que el de primero; el de tercero, claro, es aún más "poderoso", y esa es la escalera típica. Todos teníamos uniforme, y los miércoles nos revisaban qué tan limpias y organizadas estaban nuestras habitaciones. Si cumplías las reglas, si estudiabas duro, no tendrías problemas. Yo tuve una estadía muy tranquila.

Ahí conocería a uno de mis grandes mentores, el profesor colombiano Jorge Iván Restrepo, quien contaba con una maestría de Harvard en Administración Pública y era un erudito del arte. ¡Harvard! Todo un ejemplo. Con él me puse al tanto de las corrientes que han marcado la historia artística y de sus grandes creadores. Jorge y yo nos sumergimos en la creación de arte colectivo. Cada vez que contemplo las obras que realizamos juntos o las que me regaló, siento una profunda gratitud hacia él. Aunque ahora pinto menos de lo que quisiera —y es uno de mis siguientes desafíos personales—; cada vez que me enfrento al lienzo, recuerdo sus enseñanzas y el afecto paternal con el que fui tratado.

Fue en Zamorano y en tierras hondureñas donde, de manera natural, comencé a tener amistades duraderas y a sentirme parte de un grupo. Comenzaba a derrumbar las barreras de mi muro de granito. Por fin, sin esfuerzo, generaba vínculos afectivos. Así, con varios estudiantes que también eran de Guayaquil y ciudades aledañas, creció la Mafia G, un colectivo inolvidable conformado por quienes hoy son mis grandes amigos de vida, para los que siempre estoy y estaré; los que siempre están y estarán conmigo.

En Zamorano, también, me quedó claro que tus sueños y tus emprendimientos no los consigues en el primer intento, que es muy normal que al inicio cometas muchos errores y que eches todo a perder. No olvido que, en el tercer año, junto con otros compañeros, cometimos una imprecisión en la fórmula de un queso y esto provocó que toda la producción se perdiera. La quesería, que era como una gran piscina de leche, estaba en la ruina por nuestra culpa. Afortunadamente, en la matrícula que te cobra la universidad ya está incluida una cuota que permite mitigar los desastres que provocamos los aprendices. De estos, muchos errores y también muchos aprendizajes. Nadie aprende más de quien lo hace.

En Zamorano me quedó muy claro: debes honrar el proceso. No tendrás queso si no sabes cómo mantener los pastizales que necesitan tus vacas para producir buena leche. No tendrás queso si equivocas su preparación. De todas maneras, cuando lo estropeas en la primera vuelta, te queda un aprendizaje, y en el segundo o en el tercer intento no fallarás. La falla, seguro, será buscar el atajo para ser exitoso —con lo que eso signifique— en una carrera contra el reloj.

2

Los primeros 30 años, los primeros 50 kilómetros (y algunos más)

Al salir de la universidad, me mudé a Quito y empecé a trabajar como funcionario público en el Ministerio de la Producción. Me convertí en un experto en biocombustibles y llegué a ser el vocero autorizado del Gobierno en este campo. Yeya y Pepe estaban muy orgullosos. El niño del barrio marginal, que no pudo ser futbolista y tampoco pudo entrar a la Marina, ese niño a quien un médico le había sugerido que no hiciera nada, empezaba a cumplir su sueño de ayudar a sus padres, a ser un no pobre y a estirar su inteligencia.

Entonces fue cuando empecé a correr. Ocurrió una mañana de resaca, a la mañana siguiente de una ruidosa y etílica celebración de mis 30 años. Estaba en casa, con un malestar general abominable y con un terrible olor a cigarrillo en el pelo, en la ropa y en la piel. Me sentía inútil, débil, sediento y, sobre todo, culpable de haberme excedido. Chuta, llegar a la treintena se sentía peor que el pitido de una alarma. En un momento de lucidez, me prometí que no volvería a permitirme llegar a ese estado miserable y que, por el contrario, me volvería más activo y saludable. Incluso, me dije, empezaría a practicar algún deporte. La mayoría de las personas inteligentes, capaces y exitosas que conocía, se ejercitaban. ¿Por qué no yo? Tenía sentido dentro de mi misión de no pobre.

Así fue que empecé a adoptar la rutina de trotar al menos un par de veces a la semana. Un par de años más tarde, aún siendo un corredor neófito, sin mucha disciplina ni preparación, me inscribí a mi primera carrera. Era en el complejo volcánico de Mojanda, donde se encuentra el extinto volcán Fuya Fuya, a unos 70 kilómetros de Quito. El recorrido ascendía a más de 4 000 metros de altura y se podía elegir de entre varias distancias: 10k, 20k, 50k u 80k. Mi gran hazaña como corredor, hasta ese momento, había sido completar los cuatro kilómetros del circuito del parque La Carolina, el más grande de Quito, así que pensé que, esforzándome un poco, podía lograr acabar los 10k. Cuando fui a pagar la inscripción, el vendedor me explicó que no quedaba ni un solo puesto para esa modalidad. Resoplé. Salí del local con la frustración a cuestas, y a medio camino decidí que podría intentarlo en la modalidad siguiente, los 20k; yo solo quería participar, aunque luego solo corriera 10k. Al regresar a la tienda, el mismo vendedor, con un tono burlón y un acento quiteño, me sugirió que desistiera, solo había cupos para los 50 y 80 kilómetros, las carreras de los profesionales.

—Tú no eres uno de ellos, ¿no? —preguntó desde su lugar detrás de la caja de pagos—. Mejor ni lo intentes.

—¿Por qué? —repliqué.

Me miró lentamente, de arriba abajo, con gesto de lástima. En mi cabeza lo que oí fue algo así: "Este mono lamparoso con acento de Guayaquil no completa ni una vuelta a la manzana de su barrio". Sentí mi ego rabioso y reaccioné de inmediato.

—Véndeme una de 50k —concluí.

Él, con su sonrisa insoportable, se volvió hacia sus compañeros de caja y habló en voz alta: "Si eso es lo que quieres... Solo recuerda que te lo advertí". Tomé mi inscripción con una sensación de satisfacción, no me sentía furioso, más bien, triunfal. Recorrí el interior de la tienda en busca de algunas piezas y accesorios que me pudieran servir. El dinero solo me alcanzó para comprar la chamarra negra que me puse para correr mi primera carrera.

Llegó el día. A las 4:15 de la mañana, lentamente, bajo el cielo oscuro, me abrí paso entre la multitud. Al mirar los atuendos y los accesorios de los demás competidores, rápidamente me di cuenta de que era un principiante y que no contaba con el equipamiento mínimo necesario para afrontar la travesía. La chamarra que había comprado era demasiado delgada para esa mañana helada. Los tenis que llevaba habían sido diseñados para el asfalto plano de la ciudad, no para la montaña, y los guantes que llevaba no impedían que mis manos se congelaran. Mi mochila tampoco era la adecuada, y lo que había guardado en ella, pronto entendería, me serviría de poco. Esperaba, al menos, que mis medias de compresión recién compradas hubieran quedado bien ajustadas, aunque no sabía muy bien para qué servían. Las adquirí porque se las había visto a decenas de atletas; debían ayudar, seguro que ganaría más velocidad o algo así. Estaba claro que no venía preparado.

Ni en la indumentaria, ni físicamente. No me importó. Tenía un plan muy claro y pensaba seguirlo al pie de la letra: "al llegar a los 10 kilómetros, me boto". Me retiraría en alguno de los puestos de control y el equipo de la carrera se encargaría de bajarme. Simple. ¡Qué bueno era tener una planeación tan clara! Lo que pronto descubriría era que no me serviría para nada.

De pie en el punto de salida, podía ver a lo lejos una pantalla con el contador: 59 segundos, 58... 20. La gente gritaba acompañando el conteo: "¡19!, ¡18!, ¡17!... ¡0!". Cruzamos el punto de salida. Traté de seguirle el paso a una chica que, seguramente, era una *pacer* (o "liebre", como se les llama a los corredores que marcan el ritmo y ayudan a los competidores a llegar a la meta en un tiempo determinado). A los pocos kilómetros descubrí que era una pésima idea. Dejé mi orgullo de macho latino a un lado y la vi alejarse y perderse en la montaña. En la subida decidí caminar. Sentí el cansancio. Revisé la pantalla de mi reloj para saber cuántos kilómetros faltaban. Vi con espanto el número "46". Decidí entonces apagarlo y olvidarme de él.

Continué. Al noveno kilómetro me sentí desahuciado. Me di aliento, solo faltaban 1000 metros para mi meta personal y acababa. Un corredor que notó mi rostro de cadáver me preguntó si estaba bien. Yo le respondí que no se preocupara, que dentro de nada cumpliría mi objetivo. "En el kilómetro 10, me boto", le expliqué. Él me observó con cara de pánico. "No, no te puedes botar a los 10", me dijo. "En esta carrera el primer puesto de control está en el kilómetro 15, ahí sí te botas. Tranquilo, falta poco". "¿Cómo?". Quería llorar. No sabía si podría recorrer 6000 metros más. ¿Por qué no me dijeron eso claramente antes de comenzar? ¿Por qué no me explicaron: "Mira, no te botas cuando a ti se te ocurra, lo haces cuando a nosotros se nos dé la gana"?. Mi fabuloso plan había fracasado. Y si te preguntas si tenía un plan B, pues sí, mi plan B era que no fallara el plan A. Estaba hundido. Respiré y entendí que no tenía otra opción. La buena noticia era que en el maravilloso kilómetro 15 podría botarme al piso, pedir que llamaran a mi mamá, que me dieran el muñequito de Rambo que me habían regalado mis viejos en la infancia, una agüita de hierbaluisa y una almohada cómoda para recostarme hasta el día siguiente. El kilómetro 15 sería el paraíso.

Llegué. De alguna manera, llegué. Estaba dispuesto a botarme, cuando escuché aquella voz: "Loco, ¡bienvenido! ¡¿Cómo va la carrera?!". Era el tipo diabólico de la tienda, a quien le había comprado la inscripción. "Te veo un poco cansado", dijo con su sonrisita sarcástica. Me preguntó si quería agua y yo estaba tan agobiado que la acepté. Continuó: "Si te quieres botar, dale, es el momento. De todas maneras, todos sabíamos que no ibas a aguantar". "¿Todos?", pensé. ¿A qué se refería con "todos"? Seguro que en su local estuvieron hablando de mí durante varios días. Yo era su payasito de feria. "El no corredor ese se va a botar". Activé mi ego y me obligué a decir que no, que después de ese descanso tan agradable debía seguir mi camino, yo no me botaba, yo no me rendía. "La última oportunidad que tienes para dejar la competencia es en el kilómetro 25", advirtió. "Te veo en la meta", contesté.

En el kilómetro 16 sollozaba arrepentido. En el 17 mi mente divagaba. En el 18 tenía encendido el piloto automático y así llegué hasta el 25, sin saber cómo. Durante ese trayecto había desvanecido mi ego, dentro de mí solo se escuchaban coros angelicales, "aleluya, aleluya, ale-e-e-luyaaa". Entré al puesto de control muy humilde. Hablé con el encargado. Le dije que me había equivocado, que por un tema de orgullo había continuado con esto, que yo no era ningún atleta, que me faltaron dos centímetros de estatura para entrar a la Armada, que lo mío era el póker y que era el momento de botarme. Y me boté. "Sácame de aquí", le imploré casi llorando. Él me miró con una compasión enorme y recibí una explicación que no esperaba: "Mira, la lluvia...". ¿Qué carajos me importaba la lluvia?, pensé. "Sácame de aquí", repetí. Él, pacientemente, me contó que debido a las lloviznas constantes de los últimos días el terreno estaba inestable y era imposible que algún vehículo llegara hasta este punto. No había forma de sacarme de la montaña. "Lo siento", concluyó. "¿Qué hago para salir de acá de una buena vez?", pensaba. Y el hombre, relajado, siguió su discurso de motivación: "Ya recorriste los 25 kilómetros más difíciles. Estás en la mitad del recorrido y en el punto más alto. Es increíble lo que has conseguido. *Tú* eres increíble. Ahora el camino es de bajada. ¡No te quedes ahí, ve y termina lo que comenzaste!". Y yo quise creerle. No tenía otra opción. "Cuando estás en la cima, ¿caes o bajas?", me pregunté.

Comencé el descenso a ritmo lento. Sin pretensiones ni expectativas. Si subí, podré bajar. No sé cuándo llegue a la meta. Llegaré. Estaba muy desmotivado porque, además, mis reservas de comestibles y bebida se habían acabado. Entonces apareció otro caminante. Carlos, se llamaba. Tenía cara de buen tipo —y lo era—. Se veía cansado, aburrido y con una mochila grande. Con mi lógica más básica pensé: "¡En ese morral debe haber comida! Tal vez la comparta conmigo". En ese instante comenzó una interesante simbiosis, recibía su comida y, de mi parte y como en mis viejos días del Loco Willy, le hacía el camino más ameno con mis historias. Anochecía, usé la linterna de repuesto de Carlos. Y estábamos tan acabados, casi deshechos, que caminábamos abrazados, como dos borrachos que acaban de salir de una juerga interminable a las seis de la mañana. Después de un tramo eterno vi un cartel que decía: "¡Ánimo, faltan 100 metros!". Miré a Carlos y le propuse que compitiéramos, como dos valientes contendores, en ese tramo restante. A él se le iluminaron los ojos y en ese instante se sintió como uno de esos guerreros de la película *300.* Y entonces corrimos en un duelo a muerte. Yo me sentía más veloz que un corcel indomable y él era un relámpago —supongo que si alguien pudo presenciar la escena habrá visto a dos tipos tambaleándose, moviéndose en cámara lenta—. No hubo ganadores ni vencidos, los dos triunfamos. En esas condiciones, sin importar el orden de llegada, solo es posible la victoria.

La pared

Las conversaciones con mi madre, en mis años de infancia, siempre fueron motivadoras. Con ella aprendí, para usar sus términos, a rechazar mi destino. A ser fuerte ante las adversidades y a confiar en mis capacidades. ¿Te imaginas qué habría pasado si aquella mañana, en el camión de regreso a casa, me hubiese pedido que siguiera las instrucciones del neurólogo? Me habría estrellado contra un muro. Sin embargo, donde muchos podrían ver una pared —un obstáculo, una limitante—, ella vio un paisaje libre de obstáculos. Tuvimos varias charlas similares.

—Mamá, ¿tú de verdad crees lo que dijo la bruja?

—¿Y qué dijo?

—Que yo era alguien con estrella, que veía en mi interior un destello especial.

—Le creo, hijo. Ahora tienes que creerlo tú.

El destello lo sentí muchas veces mientras corría. Correr es abrir la baraja de las posibilidades. Al correr aprendí a conectarme de una manera más consciente, más fina, con mi cuerpo, mi mente y mis emociones. Esa conexión, a la que antes no le prestaba atención, ganaba fuerza a medida que recorría distancias más largas. Correr es una especie de meditación y una práctica en la que nunca he visto la pared. Sí, la pared. La primera vez que escuché este concepto fue en la banca de un parque. Muy cerca de mí, un hombre mayor que parecía tener un buen historial atlético, le daba algunas instrucciones a un joven aprendiz que iba a participar en su primera maratón. Entonces le advirtió que seguramente en el kilómetro 30 se iba a sentir extenuado, derrotado, con ganas de abandonar, y que tenía que saber que esa era "la pared". "Tu cuerpo va a colapsar —le explicó—. Si tienes suerte, podrás terminar los 12 kilómetros restantes". El chico lo miraba con una expresión de miedo. Desde ese momento, seguramente comenzó a imaginar y a construir su pared.

Por fortuna, a mí nadie me habló de la famosa pared. Si hubiera sabido de su existencia, tal vez no habría terminado la carrera de Mojanda. De acuerdo con el discurso de aquel señor, tendría que haber derribado entre cinco y ocho paredes para llegar a la meta. Ese día en el parque guardé silencio, no quería intervenir en una conversación ajena. Aquí no haré lo mismo. Levantaré la voz para decirte que "la pared" no existe. Es un límite invisible que los demás o a veces nosotros mismos inventamos para dejar de perseguir los sueños.

Años más tarde, mientras trabajaba en mi sueño de filmar *From Core To Sun*, la película en la que muestro cómo conecté el punto más profundo de la Tierra con el más cercano al Sol..., escuché esto de las "paredes" no sé cuántas veces. Como ya sabía que solo encontraría las que yo creara, no encontré ninguna. Más adelante te contaré el detalle de esta aventura; por ahora, quiero hacerte un regalo por haber llegado a las primeras 50 páginas de este libro: ¡en una de las solapas del libro encontrarás un código QR con el que podrás ver de manera gratuita *From Core To Sun*!

Antes de correr mi primera carrera en Mojanda, yo pensaba que era *imposible* que pudiese recorrer 50 kilómetros en un territorio escarpado, en un solo día, sin morir en el intento. Esa era mi creencia (mi pared), la idea que yo había instalado en mi cabeza desde antes, sin jamás haberlo intentado. Fue en la montaña donde, con cada metro recorrido, tenía menos opción de escapar, de "botarme", donde me obligué a confirmar que aquello que consideraba imposible sí podía llevarlo a cabo. Es cierto que lo conseguí con un desgaste físico y emocional tremendos; los días siguientes me temblaba cada músculo del cuerpo y hasta sonreír me dolía. De todas maneras, lo hice.

Días después, de regreso en Guayaquil, en la playa, frente al mar, aún con dolores musculares, trataba de comprender los mensajes que había recabado en aquella ruta. Sentía un cambio interior. Buscaba respuestas. Yo intenté botarme, salirme de ahí, en cada oportunidad que tuve, y sentí cómo la montaña me cerraba sus puertas. El kilómetro 10 no existía, el 15 fue el detonante del ego, el 25 fue el de la humildad y el punto de no retorno; el 50, el inicio del libro que estás leyendo. Mi "plan perfecto" se había derretido como un malvavisco en una fogata, en las cercanías del Fuya Fuya.

¿Por qué creí que mi meta, mi límite, eran los 10 kilómetros si, finalmente, era capaz de llegar hasta los 50? Durante los días siguientes a la carrera no dejaba de hacerme esa pregunta. ¿Acaso era ese un reflejo de mi vida en el trabajo, el amor, mi economía, mi vida familiar, mi vida espiritual... mis sueños? La respuesta que me di aquel día fue que sí, en efecto, me sentía muy cómodo en el 10, y me daba miedo ir por los 50. Ahí entendí algo fundamental: **en la vida, perseguimos solo lo que creemos que merecemos.**

Me dije: "Millán, de ahora en adelante solo vas a aceptar retos con los que te asustes". Me prometí que, desde ese momento, me obligaría a afrontar situaciones desconocidas y, por ende, me forzaría a encontrar nuevas soluciones y respuestas. Esa determinación me llevó más adelante a correr en montañas gélidas, en el desierto del Sahara, en medio del hielo antártico y cerca del núcleo de la Tierra.

Si supiera de mí, ¿qué pensaría hoy el médico que a mis 10 años me decretó que no podría hacer nada?

Un viajero feliz

Tras la carrera de Mojanda, había derrumbado muchas de mis paredes, de mis ideas limitantes y de mis dudas. Con esa nueva energía, y por mi ingenuidad —la que aún no pierdo y considero una cualidad— me inscribí a La Misión, una competición de senderismo y autosuficiencia de 160 kilómetros en la Patagonia, Argentina. Necesitaba retos con los que mis piernas temblaran. Mi decisión fue temeraria porque yo seguía siendo un principiante en las pistas. De hecho, cuando le conté mi decisión a un entrenador que había visto en el parque, abrió los ojos como platos, me dijo que me faltaba un tornillo y que, a tan solo tres meses de la partida, el entrenamiento que me podía brindar me ayudaría, tan solo, a no perecer en el intento. Eso era justamente lo que necesitaba oír, ahí estaba el reto con el que mis piernas temblarían. Si había soportado 50 kilómetros siendo un corredor novato, seguro que ahora que me entrenaba con mayor frecuencia podría resistir una distancia tres veces mayor. "Esto debe ser como dar tres vueltas de 50, más 10 de regalo", me dije. No estaría solo, pensé. Me acompañarían centenares de competidores y siempre habría un Carlos que me ayudara en el camino.

La carrera se llevaría a cabo al medio día, del día 12 del mes 12 de 2012. Era una fecha mágica, ¿cómo me la podía perder? Sin quererlo, repetí varias de las conductas irresponsables de las competiciones anteriores. Pensé que ya tenía lo más importante: la inscripción y los boletos de avión, sin embargo, nunca hice una planeación exhaustiva, no leí la información suficiente sobre el territorio, no investigué a fondo cuál era el equipamiento que demandaba un recorrido de esa magnitud. Mi ignorancia y mi candidez eran casi infantiles. Para ahorrar dinero y no tener que pagar sobrepeso decidí que compraría en la Patagonia la mayoría de los implementos obligatorios que exigía La Misión. Un error del tamaño de Saturno. A pesar de que viajaba para participar en una carrera de gran dificultad, yo no me sentía un competidor, yo iba como un turista más. Era un viajero, no un corredor. Aterricé en Ezeiza, el aeropuerto de Buenos Aires, dos o tres días antes de la cita. De ahí llegué a Bariloche, en los Andes patagónicos, y me dirigí a Villa La Angostura, al sur de la provincia del Neuquén. Esta pequeña ciudad turística, a las orillas del Nahuel Huapi, un lago de origen glaciar, es el punto de partida de la competición. La vista era hermosa. No hacía demasiado frío porque estábamos al inicio de la estación templada. Caminé por sus calles y entré a una tienda de aventura con una larga lista de accesorios por comprar.

Allí me encontré con varios competidores y conocí a un flaco, alto, de aspecto atlético y acento quiteño. Me dijo que se llamaba Gonzalo Calisto. Nunca antes había oído su nombre. Tenía cara de experto en estos temas. "¿Qué haces aquí?", me preguntó desde su altura de andamio. Le dije que estaba comprando "algunas cositas" que me faltaban para la competencia del día siguiente, como la linterna, el casco, los bastones, el impermeable... Noté que su rostro se transformaba. "¿Cómo?", me preguntó aterrado. "¿Ya habías competido en alguna carrera parecida?". Le expliqué, orgulloso, que había terminado Mojanda. Él seguía observándome con su expresión de pavor. Me dio algunos consejos y, al enterarse de que estábamos en el mismo hotel, como un alma bondadosa que recoge a un perrito callejero extraviado, de esos que corretean entre los autos de una avenida principal sin entender el peligro que corren, decidió "adoptarme".

Yo no sabía que Gonzalo era el corredor de ultramaratones más reconocido de mi país y uno de los mejores del mundo. Ese día, al darse cuenta de mi nulo conocimiento en estos desafíos, sintió que la única manera de salvarme la vida era dándome instrucciones y cuidándome antes de la partida. Me pidió que me quedara en su habitación. "Quiero revisar bien qué llevas", dijo. Yo le mostré mi mochila —que le hizo llevarse las manos a la cabeza—, la abrí, le enseñé mis provisiones para el camino: chocolates, dulces, cacahuates; y él, con una humildad increíble, suspiró y concluyó: "Aún lo podemos solucionar". Caminó por el cuarto, desplegó todo su arsenal. Tenía varias maletas, cuatro pares de zapatos, provisiones, linternas, todo perfectamente organizado, empacado, planeado. Tomó uno de esos morrales que tienen centenares de bolsillos, grandes, pequeños y medianos, deslizó el cierre y comenzó a meter en su interior todos los elementos esenciales para sobrevivir en una carrera de 160 kilómetros. Organizaba con paciencia cada cosa y me iba explicando cuál era su finalidad. Me sentía en una escena de *The Karate Kid* (1984), yo era el inexperto Daniel, y Gonzalo, el sabio señor Miyagi que me enseñaba a combatir. Al terminar me miró, tomó el morral y me lo dio. "Ahora sí, este es el tuyo, Millán". Con su generosidad, estoy seguro, salvé mi vida.

Al día siguiente me invitó a hacer un "estiramiento suave" y quedé extenuado. Él, mientras tanto, seguía ejercitándose, hacía barras en el borde de la puerta y se ponía en forma para la carrera. La noche del 11 de diciembre hicimos un repaso de lo que llevaba en la mochila. "Aquí está la medicina. En este lado, la comida. Acá, las gomitas. Allá, las barritas energéticas...". Y me hablaba de los momentos propicios para ingerir cada alimento. Me dio dos de sus cantimploras. Él llevaba, además, proteínas en polvo para reconstituir en agua. Fue la primera vez que las probé. ¡Y yo que pensaba que con cacahuates y golosinas podría sobrevivir! Él no dejaba un cabo suelto, yo era la alocada, atrevida y guerrera improvisación guayaquileña. Él, me enteraría horas más tarde, competía para ganar La Misión; yo, entre tanto, me repetía que, si no completaba la competencia, de todas formas habría ganado conocimiento, una nueva experiencia y un nuevo amigo.

Poco antes de salir y pararnos en la línea de partida, vi que Gonzalo se ataba los cordones muy lentamente y movía los pies dentro de los zapatos para lograr que encajaran de manera perfecta. "Es para que no se cuele la arena", me contó. ¿Cuál arena? Pregunté. "Ya la verás, je, je. Ya entenderás de qué te hablo". En la línea de partida yo seguía observándolo, lo veía como si se tratara de un superhéroe. Su atuendo era perfecto, tenía estilo para llevar los bastones, había cortado la camiseta oficial de la competición por la mitad porque debajo vestía una de mejor calidad, lucía muy seguro, su linterna estaba bien puesta en el casco. ¡La linterna! Chuta. Yo había olvidado ponérmela. No había tiempo para regresar por ella. Pocos minutos antes del arranque, otros amigos improvisaron y lograron atarme una nueva. Entre la gente oía comentarios graciosos y algunas quejas: "¡Vaya tiempo de mierda!", gritó una chica. La mañana era fría y muy gris. El superhéroe se despidió, fue a buscar la mejor posición para el inicio, y lo perdí de vista.

Tras el conteo regresivo, la mancha naranja —ese era el color de nuestras camisetas—, compuesta por los 377 corredores que participábamos en el certamen, comenzó a moverse lentamente. Gonzalo se había ido. Mis compatriotas ecuatorianos marchaban rápido y se alejaban. Me quedaba solo y era el momento de ser responsable, valiente y paciente para enfrentar el camino. Apenas estaba asimilando lo que pasaba y ni me di cuenta de que, en pleno día, llevaba mi linterna prendida. Entré en un modo de observación profunda. Veía cómo lo hacían los demás, cómo usaban sus bastones, cómo trotaban, cómo se movían, y aprendía y los imitaba. Con el paso de los kilómetros, entendía cómo se hidrataban, cuándo paraban, qué comían. Había una gran camaradería. Avanzaba. Respiraba. A veces me quedaba mirando en mi hombro izquierdo el número 14, el que me identificaba en la carrera.

Los paisajes que atravesaba mientras subía las montañas eran hermosos. En los arroyos me detenía para llenar de agua mis cantimploras. Estaba muy conectado con aquel entorno natural y con el momento presente. No sentía miedo. Y, como lo analizaría años después, en las terapias con mi psicóloga, había entrado en un largo estado de conciencia alterado. Iba en un trance. El viaje dentro del viaje. Varios kilómetros más tarde descubrí la arena de la que hablaba Gonzalo y, en efecto, intentaba colarse en mis zapatos de manera traicionera. Compartí algunos tramos de la ruta con otros corredores y, sin vergüenza alguna —en estos parajes todos éramos familia—, les preguntaba si podía probar de esas bebidas que tomaban o aquellas rarezas que mordían. Tomé muchas bebidas isotónicas, batidos proteicos, geles, y comí un sinfín de barritas, nueces, frutos secos, frutas. Todos fueron muy generosos y se divertían con mi inexperiencia en estas ultramaratones.

A lo largo de la ruta había 40 puestos de patrulleros que te brindan orientación y ayuda si las requieres. Mi deporte favorito, en medio de esta travesía solitaria, era preguntarles quién iba ganando. Al principio me decían que un argentino había tomado ventaja y que tras él iba un ecuatoriano. En ese momento no se me ocurrió que aquel compatriota fuera Gonzalo. En los puestos de control siguientes me darían información más precisa: "Calisto va de segundo". Y yo, muy orgulloso, respondí: "¡Qué bueno, él es amigo mío!". A medida que avanzaba en mi recorrido, imaginaba cómo lo estaba haciendo él, a qué velocidad iría, qué decisiones habría tomado, qué habría comido, ¿habrá parado en algún momento?

Criaturas salvajes

Al caer la noche, recordaba las instrucciones que me había dado en su habitación. "Cuando oscurezca, tu mente cansada le dirá a tu cuerpo que es hora de parar. No caigas en el engaño. No te detengas, no te vayas a dormir en medio de la ruta, tú no tienes experiencia en montaña. ¿Me lo prometes, Millán?". Era cierto, entre la penumbra y el cansancio, yo quería sacar mi bolsa de dormir y acurrucarme en cualquier rincón. Sin embargo, tenía su voz en mi cabeza. "Sigue, avanza hasta encontrar una fogata". La encontré a las tres de la madrugada. "Y esto es lo más importante...". Ver el refugio improvisado por otros participantes fue pura alegría. "Al entrar, te encontrarás con otros corredores, verás sonrisas, oirás palabras de aliento, creerás que tienes mucha energía, no te engañes, es mentira". Saludé a quienes aún estaban despiertos, sonreí, me sentía en el paraíso. "Y verás gente reposando en sus bolsas de dormir, así que te dará sueño. Óyeme bien, Millán, tienes cinco minutos, solo cinco minutos antes de caer noqueado...". Entré en alerta y, muy de prisa, seguí las indicaciones de Gonzalo (su voz retumbaba en mi cerebro). "Programa la alarma de tu reloj para que despiertes dentro de dos horas. Come todo lo que puedas, si no eres capaz de masticar, traga. Hidrátate muy bien. Tómate un analgésico. Guarda todo en la maleta y ponla a tu lado. No hay tiempo para conversaciones. Acuéstate. Cuando suene la alarma te levantas, Millán, no habrá 'cinco minutitos más', ni dos, ni tres, sales del *sleeping*, te organizas y te pones en marcha". Eso fue lo que hice.

Al regresar al camino me sentía muy bien, tenía mucha energía emocional, las dos horas de sueño habían sido reparadoras. Estaba contento y confiado. En ese momento supe que podría terminar los 160 kilómetros de La Misión antes del tiempo límite establecido: cuatro días y tres noches. Al pasar por otro punto de control seguí con mi pregunta habitual, y me dijeron: "Calisto es el líder". ¡Vamos, Ecuador!, grité. ¡Es mi amigo y va a ganar! Y hubo minutos de mucha tensión, me contaron los patrulleros, porque si todo seguía así, Gonzalo cruzaría la meta antes de las 24 horas de carrera, que era el tiempo que los organizadores habían calculado para los primeros arribos, y quizás nadie lo estaría esperando y ni siquiera habría una meta que cruzar. En ese momento no habían instalado el puesto de llegada. Al final sí lo hubo y Gonzalo ganó la prueba con un tiempo ilógico de 22 horas y 43 minutos. El segundo en llegar fue el español John Tidd —nació en Estados Unidos y corría por España—, a las 25 horas y 3 minutos.

Yo estaba aún demasiado lejos. Al atravesar todos esos bosques, montañas y riachuelos, que eran tan nuevos para mí, me prometí que en años venideros debía volver a ellos en vacaciones, con alguien que amara, para disfrutarlos de otra manera. Con tanta belleza sacaba fuerzas para continuar, aunque estaba extenuado. Me dolían los pies, los muslos. La espalda. En la segunda noche no me acompañó la suerte, vi la fogata, sí, la luz esperanzadora, sin embargo, el refugio estaba lleno. Tuve que dormir afuera, me enrosqué en mi bolsa, me protegí como pude, puse la alarma del reloj y, dos horas después, al levantar el morral noté que estaba empapado y pesaba mil toneladas. Había llovido. Para continuar tuve que deshacerme de muchas de las prendas y accesorios húmedos que había en la maleta. Y me prometí que, pasara lo que pasara, no dormiría una noche más a la intemperie, caminaría sin descanso, aunque lo hiciera en modo zombi, hasta cruzar la meta.

A la tercera noche de competición, a lo lejos, vi un lobo. Era una mancha de color marrón oscuro que aguardaba casi inmóvil a que su presa (yo, el competidor número 14) se cruzara en su ruta. Me detuve. Tal vez si dejaba pasar el tiempo, el animal feroz se cansaría y se iría. Al cabo de algunos minutos me di cuenta de que no cedería. Oí pasos que se acercaban. Dos corredores pasaron cerca de mí, saludaron y siguieron de largo. "Cuidado con el lobo", susurré. No me escucharon. Iban directo a sus fauces. No sabía qué hacer, mi agotamiento era tal que no podía gritar o intentar alcanzarlos. Vi cómo caminaban hacia la bestia, estaban muy cerca, sin embargo, el lobo no los atacó y continuaron su marcha, incólumes. Algunos minutos más tarde pasó otro pequeño grupo de expedicionarios y tampoco hubo ataque. ¡Estará muerto el lobito!, supuse. Marché lentamente hacia él, con los ojos casi cerrados, conteniendo la respiración, pasé a unos cuantos centímetros de su cuerpo, sin rozarlo, sin mirar hacia abajo, olía a musgo, aceleré el paso y me alejé. Durante algunos segundos esperé su reacción a traición, a mis espaldas, la mordida hambrienta que desgarraría mi piel. Nada. Silencio. Las únicas mordidas se las di yo a los pocos alimentos que me quedaban de reserva. Me llené de optimismo al superar la trampa del lobo. Vía libre. Juguemos en el bosque mientras el lobo no está. ¿Lobo, estás?

Kilómetros más tarde, la situación empeoraba. Esta vez no había una mancha marrón. Era una manada de puntitos de color café, separados unos de otros por algunos metros de distancia. Serían, al menos, unos 20 o 30 lobos. Yo no entendía nada. Notaba que varios competidores caminaban entre ellos sin provocar sus salvajes reacciones. Quizás los lobos estaban tan habituados a los humanos que por eso no los atacaban. O tal vez aguardaban a que pasara un corredor sin compañía para rodearlo y merendarlo. Me sentía tan extenuado que no me importó, si no me exterminaban los lobos lo haría la soledad de la noche de la Patagonia, era mi última oportunidad, faltaban pocos kilómetros y ya no aguantaba más. Caminé entre los animales y sus pelajes oscuros, densos, compactos, como si fueran la corteza de un árbol. ¡Un momento! ¿Compactos como la corteza de un árbol? Al bajar la vista y mirar a los ojos a mis enemigos, me descubrí rodeado de pedazos de troncos desperdigados sobre la montaña. ¡Troncos! Eso eran mis lobos mansos que no mordían. Pedazos de árboles inertes que, en medio de mi extenuación, mi cerebro convirtió en lobos. Había llegado a un estado rotundo de alucinación. No he sido la única víctima, son muchos los corredores que sufren violentos cambios bioquímicos por cuenta del esfuerzo de la ruta. Yo veía lobos, algunos otros habrán visto dragones.

Ladrones de pueblo

Afronté la última bajada, hacia la población donde se hallaba la meta, con fuertes dolores. Mis tendones estaban tan inflamados que no me sentía dueño de mi propio cuerpo. Avanzaba con la sensación de que mis tobillos tenían una contextura de chicle y sonaban como bisagras oxidadas. Era horrible. Faltaba poco, saqué del morral la banderita de Ecuador para ondearla en la línea final. Y, en medio de la oscuridad, divisé a unos tipos que gritaban como lo hacen los borrachos y se acercaban hacia mí de manera sospechosa. Temí lo peor. Yo crecí en barrios marginales, en calles peligrosas donde, a estas horas de la madrugada, eran casi las tres, los jóvenes pandilleros esperan por sus víctimas, a quienes roban y muelen a golpes. Me parecía una mala broma del destino —del que yo antes me había burlado—, antes de terminar la carrera sería la carnada de unos ladrones de pueblo. No estaba en condiciones de pelear, que hicieran conmigo lo que quisieran, suspiré. Me atacaron en grupo, uno de ellos me levantó por los aires. Cerré los ojos y escuché: "¡Millán, Millán, Millán! Es Millán". Me sacudían, me abrazaban. "¡Lo lograste, lo hiciste!", reconocí la voz de Gonzalo, quien estaba acompañado por otros amigos ecuatorianos que me movían de un lado a otro emocionados y algo alcoholizados. "Paren —dijo—. ¡Suéltenlo! —ordenó—. "Millán no ha cruzado la meta". Cierto, oficialmente no había concluido mi recorrido. Caminé unos metros más, y después de 64 horas y 51 minutos había terminado los 160 kilómetros de La Misión. Me dieron una medalla —esta sí que la merecía— y ni sabía dónde estaba.

Gonzalo me brindó cuatro diminutos perritos calientes, luego un litro de helado, y me lo dio cucharada a cucharada, "necesitas energía". Me llevó cargando a la habitación. Me dejó en la bañera con la ropa aún puesta, abrió el agua caliente y me pidió que descansara. "Seguro te vas a dormir, no te preocupes, yo estoy aquí y te voy a cuidar". Me levantó cada cuatro horas para que comiera, era muy importante que mi cuerpo, después de todo el esfuerzo, recibiera alimento y líquidos. En la tarde me desperté como pude para acompañarlo a la premiación. Gonzalo Calisto fue el gran ganador de la competencia, seguido "muy de cerca" por Millán Ludeña, quien ocupó el puesto 206.

La bondad de Gonzalo fue infinita. Si él había ido hasta la Patagonia con el claro objetivo de ganar, ¿para qué distraerse y hacerse cargo de un guayaquileño que ni siquiera sabía elegir el morral indicado para una ultramaratón? ¿Para qué ocuparse de ese lastre? Mi respuesta, después de tantos años de conocerlo, es que las personas de gran corazón, como él, siempre tendrán tiempo, cariño y soluciones para quienes requieran su ayuda. Es algo que surge y no se planea. En Mojanda, Carlos fue mi compañía y me alimenté con su comida. En La Misión, con Gonzalo aprendí a sobrevivir y entender su lección de generosidad.

En estas competencias extremas y de tan larga duración, pasas por todos los estados emocionales. De la euforia, al ver el sol sobre las montañas, a la desilusión de saber que te quedan decenas de kilómetros por recorrer. Y mientras caminas o trotas en soledad, piensas mucho. En tu vida, en tu trabajo, en lo que has logrado, en tus errores, en tu infancia, en por qué carajos te inscribiste en aquella tortura, y comienzas a recordar a mucha gente. Y esos recuerdos van acompañados de diferentes emociones, quizás te acuerdas de un gran amigo y te concentras en los momentos divertidos que han vivido juntos. Dos kilómetros después estás pensando en esos gestos insoportables que hace él en las fiestas, cuando se emborracha. Y lo odias. A ese, a quien minutos antes querías abrazar, ahora lo detestas. Y sucede lo mismo con tus familiares, con tus novias, tus tíos, tus abuelos, el inconsciente se manifiesta sin pudores en los caminos. Una maratón, una ultramaratón, un Ironman o un Ultraman, son competiciones con las que llevas al límite tu potencial físico; son un desafío extremo para tu mente. Es la mente, incluso más que tu cuerpo, lo que te lleva a lograr lo que te propones. Esto lo comprendí durante mi tiempo en la Patagonia.

3

La carrera más difícil del mundo

A mediados de 2013, mi vida era una rutina gris que había aprendido a tolerar. Me ponía el traje barato y la corbata corriente que visten los funcionarios públicos de rangos medios, cumplía con mi labor en el Ministerio de la Producción y seguía las instrucciones de mis superiores. Era un número más, un empleado con voz baja dentro del sistema estatal. Aunque tenía cierta visibilidad, porque el interés por los biocombustibles, el sector del que yo me ocupaba, empezaba a crecer en el país. Recibía un sueldo que me permitía comer, pagar la renta, tomarme algunas cervezas, viajar de vez en cuando a casa, e incluso ahorrar. Formaba parte del Gobierno, mis padres estaban orgullosos de lo que había conseguido, y el pequeño Millán, el que alguna vez pensó que estaba condenado a no salir de las fronteras de su barrio, mi niño interior, me preguntaba: "¿De qué te quejas? ¿No era esto lo que buscabas?".

Y de alguna forma lo era. Con mi viejo *plan* había llegado hasta ahí. Ahora, en todo caso, necesitaba una nueva ilusión. Otra aventura con la que hiciera que temblasen mis piernas (en la oficina solo temblaba de tedio). La encontré una tarde buscando en Google. Se llamaba Marathon des Sables (MDS), y fue creada por el francés Patrick Bauer en 1986. En la página web de Discovery Channel hablaban de ella como la "carrera más difícil del mundo". Una definición atrayente. Los competidores debían recorrer 254 kilómetros, en seis días, a través del desierto del Sahara, en tierras marroquíes, soportando temperaturas superiores a los 40 grados Celsius. Solo los atletas más experimentados se arriesgaban a participar. Su vigésimo novena edición se realizaría entre el 4 y el 14 de abril de 2014. Leí con atención las advertencias y los requisitos para ser parte de esta ultramaratón. Y al notar que mi cerebro comenzaba a gritar: "¡Ni lo intentes! ¡Es imposible!", supe que debía inscribirme.

En esa época corría con mucha frecuencia. Gonzalo Calisto se había convertido en mi entrenador personal y, como estaba habituado a mis decisiones alocadas, cuando le conté sobre mi nuevo desafío —uno que ni él se había atrevido a encarar—, solo resopló, sonrió y me recordó que nos quedaban ocho meses de entrenamiento por delante. Un tiempo de preparación que, me explicó con sinceridad, le parecía muy corto para afrontar una de las pruebas de resistencia más temidas del planeta. Contrario a lo que me decían algunas personas con las que hablé del asunto, jamás usó la palabra que comienza por "im". No la mencionó porque él, un titán de los caminos, vivía desde hacía muchos años en el universo de las posibilidades.

Esta sería la primera carrera grande que correría siguiendo un plan previo. Atrás quedaba la improvisación de la Patagonia o la cándida osadía de Mojanda. Sabía a qué me enfrentaba; bueno, creía saberlo. Incorporé una metodología propia, algo obsesiva, con la que a diario pensaría en mi objetivo. Cada cuatro horas, durante el tiempo en que estaba despierto, sonaba la alarma de mi celular con la que recordaba que debía leer, aprender, consultar o imaginar algo que tuviera relación con la Marathon des Sables. Y ahí no paraba mi testarudez. Mandé a estampar, grabar y coser la palabra "Sahara" en el tapete de entrada del apartamento, en las fundas de las almohadas sobre las que dormía, en los cojines de la sala, en las toallas del baño, en las camisetas que vestía. También adornaba el fondo de pantalla de mi computadora.

Sin tener conocimientos en psicología, todo el tiempo estaba enviándole una señal clara a mi cerebro. Y en él se filtraría el mensaje por la vía consciente, por el camino inconsciente o por algún agujero aún no encontrado en los libros de fisiología. Era imposible no captar aquel grito. Estaba creando el *modo* Sahara, que complementaba con unas rutinas de entrenamiento físico y mental poco recomendables. Gonzalo me había advertido que esta vez sería muy importante el "volumen", sumar kilómetros y horas, que habituara mi cuerpo al esfuerzo constante para que correr pareciera caminar.

Corrí demasiado. La sumatoria de todas las distancias recorridas durante esos meses debía ser el equivalente a un viaje de Quito hasta Alaska. No paré. Varias veces pedí permiso en el trabajo para poder ejercer mis funciones desde Guayaquil. Necesitaba trotar en medio del calor asfixiante. Simular el desierto. Y mientras corría por la ciudad, escuchaba música que no aguantaba y audios con los que me incomodaba. Quería generar una situación de adversidad permanente. Por eso mi *playlist* estaba llena de vallenatos —un género que no me gustaba— y grabaciones de misas en diferentes idiomas. Aunque soy creyente, debes tener la paciencia del santo Job para correr en mi ciudad, o en las playas cercanas, bajo el sol del mediodía, escuchando la palabra de Dios en alemán. Y a todo lo anterior, súmale un morral de nueve kilos que llevaba a mis espaldas. Esa era la carga máxima que podía resistir en condiciones de competencia, con mis 1.61 metros de estatura y mis 60 kilogramos de peso. En la mochila, además, llevaba agua caliente. Sí, leíste bien, *agua caliente*. Con el ánimo de aumentar el castigo, retar mi sed y mi resistencia mental, pasaba cerca de todas las tiendas que encontraba en mi trayecto para ver en sus congeladores las botellas de gaseosas frías y recordar que en mi morral solo había líquido hirviente.

Que yo lo haya hecho así no significa que recomiende hacerlo de esta manera. Revisándolo en perspectiva, creo que en esa época entrenaba desde el maltrato, como lo hacía Rocky en sus películas. *No pain, no gain* (sin dolor no hay recompensa). Una rutina extrema que, afortunadamente, siempre tuvo finales felices. En este momento de mi vida jamás lo haría de esa manera. No hablo desde el arrepentimiento; en esos años no contaba con las herramientas personales que traigo ahora en mi *kit* y que te compartiré en la segunda parte de este libro.

Palabras sexis

Cada momento libre lo dedicaba a correr. A la medianoche, en las madrugadas de los fines de semana, mientras los demás estaban de fiesta y agitando sus vasos de *whisky*, yo pasaba de largo por las puertas de los bares y las discotecas, sudoroso, concentrado, imaginando que esa era la oscuridad del desierto y que estaba en África, acercándome a la meta. Aunque secretamente añoraba encontrarme en las calles con algún amigo que estuviera por ahí, de juerga, y reír con él unos minutos, ¿qué haces, Millán? ¿Te vas a freír en el Sahara? ¡Estás loco! ¡No pares, no pares! Nunca sucedió.

La Marathon des Sables (o Maratón de las Arenas) es una carrera cara. Por la inscripción pagué cerca de 4 000 dólares y necesitaba 12 000 más para cubrir los demás costos del viaje. Como no tenía todo ese dinero, por primera vez salí a buscar patrocinadores que apoyaran mi aventura. Estuve en varias reuniones con los equipos de *marketing* de compañías muy importantes. Casi todas terminaban con una palmada en el hombro: "Eres un valiente"; y una negativa: "Nadie te conoce". No invertirían dinero en un tipo que no era corredor profesional y que, aunque llevaba unas bonitas presentaciones en Power Point o Keynote, con su tartamudeo sonaba poco convincente.

De esas frías reuniones aprendí mucho. Comprendí que debía convertir ese rechazo constante, con el que al inicio me sentía abatido y derrotado, en una fuerza inspiradora. Cada nuevo rechazo lo tomaba como una posibilidad de mejoría. Me ignoraban porque mi discurso no era atrayente (no era un asunto personal). Me decían *no* porque era incapaz de convencerlos de mi potencial. Me cerraban la puerta porque no tenía un respaldo mediático, Millán Ludeña no aparecía fácilmente en Google, por lo tanto, Millán Ludeña no existía. Trabajé, entonces, sobre todas esas debilidades. Comencé a construir un discurso atrayente basado en conceptos clave y en las dos palabras más sexis de mi relato: "Sahara", que remitía al desierto, al peligro, al calor agobiante; y "ultramaratón", que sugería aventura extrema y proeza. Las palabras sexis ayudaron. Capté el interés de los periodistas y publicaron tres artículos de gran visibilidad en los diarios *El Universo*, *El Comercio* y *El Telégrafo*.

A las siguientes reuniones llegaba con mis nuevas armas. Cada vez era más difícil que me dijeran que no. Y muchos se ilusionaban cuando sacaba mis recortes de prensa y les decía: "Mira, si esto pasó sin haber viajado, ¿te imaginas lo que escribirán de mí cuando termine la carrera? Y en la foto, en la que me verás con los brazos en alto, estampado en mi camiseta estará el logo de tu marca". La nueva táctica dio algunos buenos resultados. Y esta no habría existido si no les hubiese prestado atención a los rechazos.

Sin embargo, de todos aquellos meses de encuentros y desencuentros con personas que, al igual que yo, eran mandos medios (de los departamentos de comunicaciones o mercadeo) y no tomaban decisiones finales, me quedé con otro aprendizaje mayor: **aunque te demores más, aunque sea más difícil, aunque te pongan mil obstáculos, trata de hablarle al gran jefe, al dueño, al director, al gerente, al CEO, a la persona que sí tome decisiones**. Quien ha llegado a un alto cargo por sus propios méritos, más allá de la suerte, las palancas y el apellido, seguro que está ahí porque también, en algún momento, caminó su propio Sahara, así que podrá entenderte mejor.

Recuerdo que, faltando poco para el viaje, en los pasillos del ministerio tuve un encuentro muy alentador con el fundador de una de las empresas de lácteos más grande de Perú (y de Latinoamérica). Aguardaba pacientemente en una salita el llamado para entrar al despacho de mi superior. Para que su espera fuera menos tediosa, decidí abordarlo y empezar una conversación. Me apasiona conocer las historias de estos hombres de negocios que han construido sus propios imperios. Apenas habíamos cruzado palabra y lo invitaron a seguir a la oficina del ministro. Antes de que entrara, sabiendo que era muy poco probable que lo volviera a ver en mi vida, le pedí unos segundos y le formulé esta pregunta: "¿Cómo hace uno para convertirse en alguien tan exitoso como usted?". Él sonrío extrañado y respondió mirándome a los ojos: "Lo más importante, creo yo, es nunca dejar de caminar, y recordar que a medida que avanzas se va aclarando el camino". Aproveché sus frases para decirle a toda velocidad que yo, de hecho, era un corredor, y que mi camino estaba en el *Sahara*, donde competiría en la *ultramaratón* más difícil del mundo (usé las dos palabras sexis). Sin embargo, nunca le dije que buscaba auspiciantes para mi aventura. Él me dio un golpecito en el hombro, me felicitó por mi valor y entró al despacho ministerial.

Durante varias horas me quedé pensando, con desánimo, en ese encuentro; en el nuevo golpe en el hombro y en que ni siquiera le había dicho cómo me llamaba. Al final de la tarde recibí la llamada del CEO de su compañía en Ecuador, me dijo que su jefe le había contado sobre un joven que se iba al desierto, que no sabía su nombre, sin embargo, por las señas que le habían dado, era muy probable que se tratara de mí. "¿Eres tú?", preguntó. "Sí, soy yo", respondí. "El ingeniero quedó muy impresionado contigo y queremos ayudarte". Y, de esa manera, sin pasar por el departamento de mercadeo, llegó mi primer patrocinio, el del Grupo-Gloria. El gran jefe había dado la orden.

La bengala

A pesar de contar con este respaldo y la ayuda de un puñado de marcas que se sumaron a mi expedición, me faltaban aún 4 000 dólares para completar el presupuesto mínimo que requería este viaje. Sin pensarlo mucho, exprimí el saldo que quedaba en mi cuenta —mis ahorros de varios años—, estaba arriesgando todo por mi nuevo sueño. Tras ocho meses de entrenamiento le di un fuerte abrazo de despedida a Gonzalo Calisto, a quien consideraba mi propio Mickey Goldmill (el entrenador de Rocky Balboa), y le dije adiós a mi equipo de apoyo: Fernanda Navarrete, nutricionista; Gisela Toledo y Óscar Rea, fisioterapeutas, y a Liza Portalanza, psicóloga deportiva. Pedí vacaciones en el Ministerio de la Producción, les dije hasta pronto a unas cuantas personas y no tuve palabras de aliento por parte de mi jefe de aquel entonces; no le interesaba lo que pudiera pasar conmigo.

Luego volé a Madrid, la primera parada antes de pisar Marruecos. Me alojaría en casa de la hermana mayor de un buen amigo. Ella tuvo que salir de viaje y yo me quedé solo en su hogar, que se convertiría en mi centro de enfoque y concentración. Fue ahí donde hice mi preparación final para la carrera.

En una cena en la capital española conocí a buena parte de los competidores de la Marathon des Sables. Compartí con algunos miembros de mi "equipo", el de los corredores que hablábamos castellano y portugués (nos dividen por idiomas y culturas). Con todos ellos, pocos días después, volaríamos en un chárter hacia África. Durante el trayecto, muchos recordaban en voz alta sus hazañas en todas las difíciles carreras que cargaban a sus espaldas. Alguien preguntó por mi experiencia previa en estas maratones. Respondí orgulloso que había corrido La Misión, en Argentina, y que esa había sido la medalla más difícil de mi vida. Hubo un silencio incómodo en el avión. Noté que varios de los pasajeros esperaban escuchar más hazañas y, cuando se dieron cuenta de que no las había, me miraron con un gesto de terror que ya conocía. Eran los mismos ojos asustados con los que me contempló Gonzalo cuando nos conocimos en aquella tienda de accesorios deportivos antes de correr en la Patagonia. No necesitaba ser un telépata para intuir que muchos de ellos imaginaban mi cadáver insolado sobre una duna, a pocos kilómetros de un oasis.

Poco después de nuestro aterrizaje en Marrakech, tomamos carretera hacia la ciudad de Ouarzazate, la puerta del desierto, al suroeste de Marruecos. Ahí estaba el territorio arenoso que tantas veces había visualizado mientras recorría Guayaquil. Aquí estaba el funcionario público ecuatoriano, el hombre de los biocombustibles, decidido a domar el paisaje. Cada equipo marchó hacia su jaima (o haima), la tienda de campaña donde compartiríamos las horas previas a la competición, la nuestra era la número 81, en ella nos acomodábamos cuatro españoles, un chileno, un brasileño, un argentino y yo.

El primer día no se corría. Era un espacio de recogimiento y reflexión. También era el momento para que las autoridades del evento revisasen el peso del morral, que de ninguna manera podía sobrepasar los 15 kilogramos. El mío, como bien lo sabes, no excedía los nueve kilos. Había hecho muchas piruetas para lograr ese peso. Y entonces los organizadores me dieron la primera sorpresa. Me explicaron que todos los corredores, de manera obligatoria y por nuestra seguridad, teníamos que llevar una bengala que debíamos activar en caso de emergencia o de retiro. Yo me prometí que no la encendería así tuviera que arrastrarme por el piso. Este accesorio inesperado pesaba 800 gramos, ¡800 gramos que no tenía presupuestados! En un segundo mi mochila pesaba casi 10 kilos. **Cualquier carga extra, por mínima que pareciera, era como arrastrar el ancla del Titanic en la carrera más difícil del mundo.** Entendí que esos pequeños detalles eran los que marcarían la diferencia entre quien la finalizaría o abandonaría la carrera.

"Highway to Hell"

A las 5:45 de la mañana del domingo 6 de abril de 2014, los 1 029 competidores de la vigésimo novena edición de la carrera del desierto más exigente del planeta estábamos en pie, ansiosos, a la espera de la orden de partida, planeada para las nueve. Teníamos tiempo suficiente para hablar, darnos aliento, desayunar, hacer estiramientos, revisar nuestras provisiones y ajustar cada prenda que llevábamos. Una hora antes de partir comenzó a sonar una descarga musical conocida. Nos pusimos en estado de alerta con los legendarios *riffs* de la guitarra eléctrica de Angus Young, en el campamento retumbaba "Highway to Hell" de AC/DC. Sentí un bofetón de energía con esa canción que se repitió, una y otra vez, hasta el momento de la salida.

En esta etapa inicial, la primera de la seis que componen la competición, debíamos recorrer los 34 kilómetros que separan a Ouest Erg Chebbi de Erg Znaigui (en árabe, *erg* significa duna). Todos tratábamos de controlar nuestra emoción, sabíamos que correr a toda velocidad solo nos llevaría al abismo. Este domingo probaríamos una pequeña porción del gran pastel de 240 kilómetros que nos ofrecía la ultramaratón de las arenas.

Di los primeros pasos con mucha alegría. No competía por un premio ni para llenar mis redes sociales de fotos bonitas o dramáticas, estaba ahí para completar un proceso que había comenzado nueves meses atrás. Mi objetivo era aprender, resistir, disfrutar y terminar. Esta vez llevaba en mi morral los elementos necesarios y correctos: la brújula (que nunca usé), el cuchillo afilado, la linterna, el silbato, la bengala aquella, la manta de supervivencia, la bolsa de dormir, algo de ropa, bloqueador solar, los nutrientes indicados y la horrenda comida liofilizada, empacada y separada por días, que incluso había sido parte de mis almuerzos y cenas en Guayaquil, con el ánimo de acostumbrarme a ella. Cargaba, por supuesto, mis cantimploras con líquido y sabía que cada ocho o 12 kilómetros —dependiendo de qué tan larga fuera la etapa que recorría— tendría agua para beber en los puestos de control o *check points*.

Por lo demás, la MDS le exige a cada atleta que se ocupe de su autosuficiencia alimentaria. Esta es otra de las dificultades que debes sortear. Si llevas mucha comida lo vas a lamentar, pagarás la factura por el peso en el morral. Si llevas poca, no podrás cumplir con la nutrición mínima que requiere tu cuerpo que estará estresado y deshidratado hasta el límite.

La ropa que eliges es otro factor decisivo. Yo llevaba una camiseta de manga larga y cuello elevado, para protegerme los brazos y el cuello del sol. Su tela era porosa, con diminutos huequitos en su estructura, como las que suelen vestir los pilotos de motocross, y tenía un cierre que me permitía abrirla o cerrarla a mi conveniencia. Corría con unos *shorts* grises muy livianos y debajo de ellos llevaba unas musleras de compresión. Calzaba unos Asics rojos, no recuerdo el modelo, los había escogido porque eran muy ligeros y fue una elección fallida. A mi alrededor casi todos los competidores marchaban con tenis de suelas gruesas, como los Hoka —una marca que no conocía—, que protegían sus pies, de una mejor manera, del calor terrible del suelo.

Sobre los Asics, y esto había sido una brillante ocurrencia de Gonzalo, llevaba una especie de bota blanca, hecha con tela de paracaídas, que contaba con un refuerzo de cuero en la punta. La unía al zapato con una banda de velcro que Gonza también había ideado. Así evitaba que la arena entrara en mis zapatos. El roce de la arena en un pie húmedo de sudor solo provocará calamidades, dolores y retiros.

La banda sonora de mi expedición por el desierto estaba dividida en cinco carpetas albergadas en un ligero iPod shuffle. En la primera diseñé una *setlist* con canciones que recordaban momentos clave de mi vida, canciones de siempre, como la "Macarena", o rock duro clásico, como el de Guns N' Roses. La segunda contenía temas que sonaban en la radio en ese año. La tercera estaba llena de audios divertidos, con chistes y momentos cómicos; la cuarta guardaba fragmentos seleccionados de audiolibros, y la quinta contenía momentos históricos del deporte nacional, como el partido de futbol que le sirvió a la selección ecuatoriana para clasificarse por primera vez al Mundial, o la gesta heroica del marchista Jefferson Pérez, quien obtuvo la primera medalla de oro para nuestro país en los Olímpicos de Atlanta, en 1996. La energía para cargar el iPod y mi cámara GoPro la obtenía de una delgada placa solar, de 119 gramos, que había cosido en la parte superior del morral.

La parte más difícil de los 34 kilómetros que recorrimos el primer día fueron los extensos tramos de arenosas dunas. Nuestros pies se hundían y salían de ellas con un efecto rebote que causaba un gran desgaste. El calor promedio superó los 43 grados Celsius. Yo iba a mi ritmo, con el número 1116 en el pecho, enfocado, sabía que era una etapa para acostumbrarme al terreno y al castigo de la temperatura. No tuve que hacer grandes piruetas para orientarme en el camino porque siempre estuve acompañado, me bastaba con seguir a los corredores que tenía delante, ellos eran mis guías.

Disminuí el ritmo un par de veces para grabarme con la cámara de video —hoy, mientras escribía estas líneas, revisé algunas de esas imágenes. Me veo feliz, satisfecho; no sabía lo que me esperaba—, y aunque estaba cansado al cruzar la meta, me sentía tranquilo. Me sorprendió que a la llegada nos ofrecieran a todos los corredores un té caliente y no la bebida fría que yo tanto soñaba.

Luego seguiría la rutina que pondría en práctica durante toda la competición: ir por las botellas de agua que me correspondían, las que debía usar para cocinar la cena de esa noche, el desayuno de la mañana siguiente, y para limpiarme un poco; hacer la fila para mandarle un único correo electrónico a mi amigo Christian Freile, quien tenía la misión de replicárselo a mi familia y los amigos más cercanos; y comenzar a curarme las heridas. Desde esa misma tarde sentí que tenía ampollas en las plantas de los pies. No era una buena señal. Según mi plan —que, como estaba aprendiendo, pocas veces se cumplía—, estas solo empezarían a formarse a partir de la tercera jornada.

En la oscuridad, iluminados por nuestras linternas frontales, los ocho habitantes de la jaima 81 hicimos la evaluación de lo vivido. Gilson Canella, el corredor brasileño, reconoció que este inicio había estado muy difícil y que sintió la deshidratación en los kilómetros finales. El español José Navalpotro, con su buen humor peninsular, terminaba la ronda con un "Hemos tardado casi nueve horas en hacer la p*ta etapa esta. ¡Mañana rompemos!". Así hablaba la familia, porque eso fuimos durante esos días, una familia.

Hay sangre en la arena

Al amanecer, no sonreía de igual manera que el día anterior. Conservaba la ilusión intacta, sin embargo, sabía que el nuevo trayecto de 41 kilómetros, entre Erg Znaigui y Oued Moungarf, era una prueba más rigurosa. Después del desayuno comenzó a sonar nuestro himno, "Highway to Hell", y partimos media hora más temprano, a las 8:30. La enorme masa de corredores avanzábamos despacio con dirección sureste, solo los superdotados como el marroquí Rachid El Morabity, quien ganaría la etapa, salieron como alma que lleva el diablo.

A pesar de las incomodidades y el calor, podía apreciar la belleza del desierto. Me sentía un privilegiado, un guerrero guayaco que pertenecía a una élite de competidores suicidas que marchaban entre las arenas en busca de la gloria. Y no la estúpida y efímera gloria de Instagram, la gloria de cruzar la meta al morir la tarde. Mi mente esperaba un nuevo camino lleno de dunas y terminé en una ruta seca, dura, pedregosa, insufrible. Varias horas después de la salida tuve una rara sensación ahí abajo, en el pie izquierdo, acompañada de un sonoro *¡crack!* Me quedé paralizado. En medio de la confusión pensé: "Chuta, pisé una mina antipersonal; voy a explotar". Respiré. Reflexioné. No podía ser una mina. "Muévete, Millán". Avancé un poco y sentía algo rígido y raro en el pie. "Me rompí el tobillo". Falso, lo movía bien. Seguramente se me había caído una uña como resultado del infernal golpeteo contra el piso. Lo había leído, estas cosas pasan. No estaba dispuesto a quitarme el zapato y a mirar el sangriento espectáculo. Decidí seguir, ya vería el desastre al llegar al campamento, del que aún estaba muy lejos. Kilómetro tras kilómetro nacían nuevas ampollas, que se multiplicaban como la peor de las pestes en las plantas de mis pies y ardían peor que el limón en una herida abierta. Mi única opción era seguir avanzando. Parar es dudar y entregarte a la pena. Yo no había invertido todos los ahorros de mi vida para botarme a llorar en África.

Finalicé la etapa cojeando. Al entrar en la jaima intenté quitarme la media. No pude. Estaba totalmente adherida a mi pie izquierdo. Vi la enorme mancha de sangre oscura y seca sobre el calcetín. Me dirigí de inmediato a la tienda que hacía las veces de centro médico. Miré, con lágrimas en los ojos, al doctor encargado y le dije muy clarito: "Por favor, córtame los pies". Hablaba en serio. Él me observó compasivo y con el bisturí en su mano procedió a realizar múltiples incisiones en las plantas de mis pies. Un corte más, un corte menos, daba igual, el dolor era tan insoportable que yo seguía pensando que la solución más coherente era una rápida amputación. Cuando terminó su labor me vendó y, sin tiempo para frases de aliento, me pidió que por favor me levantara, me fuera a descansar y le permitiera continuar con su trabajo. Volví la mirada y vi una hilera enorme de guerreros heridos en el camino que esperaban auxilio médico.

Con cada pisada me desgarraba por dentro. Dolía demasiado. Dando pasos cortos llegué hasta la tienda donde estaban las computadoras para mandarle el *e-mail* a Christian. A pesar de la desolación, solo escribí unas cuantas líneas ambiguas en las que explicaba que había sido una jornada muy dura. Pensé muy bien cada frase, no quería asustar a ninguno de los lectores que esperaban mis noticias, especialmente a mis padres.

En el camino de regreso hacia la jaima 81 levanté la mirada y volví a ver ese cielo impecable del desierto. Admiré su belleza con nostalgia, quizás esta era mi última noche en la competición. Me refugié en mi bolsa de dormir y en medio de la oscuridad comencé a llorar. Eran lágrimas de dolor (el de los pies y el que sentía en el alma), de duda y derrota. "No pudiste, Millán", pensaba. Estaba hundido. Desconsolado. Recordé a todos aquellos que se habían burlado de mí antes de partir, a los que me dijeron que un atleta amateur como yo jamás culminaría una ultramaratón como esta. "Eres un funcionario, Millán, lo demás es un sueño, vete a tu oficina", repetía la voz de mi ego. Me acordaba de todos los meses de correr sin descanso en Quito y en Guayaquil (¡qué pérdida de tiempo!). De las reuniones con los equipos de mercadeo de las marcas y sus palmaditas en el hombro. Estuve entregado al "imposible" durante un largo rato.

Luego, con la imagen de aquel cielo en mi cabeza, hice un repaso de todas las cosas que hacían que este viaje fuera valioso, aun si me retiraba de la carrera. Empecé. Nunca había corrido tanto en mi vida, mi estado físico era increíble. Por primera vez tuve a mi lado un equipo profesional con el que aprendí cómo alimentarme, cómo estirar, cómo mejorar mi desempeño en el calor y cómo afrontar las trampas de mi mente. ¡Había conocido Europa! ¡Me había divertido en Madrid! ¡Había visto, olido, saboreado y tocado el Sahara! (ya no era tan solo una palabra bordada en mi almohada). Tenía nuevos amigos; dormían a mi lado en la tienda —y también estaban molidos—. Pasara lo que pasara, en mi viaje de regreso conocería París. "Eso es, Millán; todo ha valido la pena. ¡Qué hermoso cielo!". Y lo más importante, yo estaba sangrando en Marruecos, haciendo mi sueño realidad, mientras todos aquellos que me criticaban seguían sentados en sus sofás, viendo en una pantalla ultraplana transcurrir sus ultraplanas vidas. Y con todas esas razones junté la fuerza para continuar a la mañana siguiente.

La trampa láser

Vamos de nuevo. Amanece. Y se escucha nuestra banda sonora, "My friends are gonna be there too / I'm on a highway to hell" (Mis amigos estarán ahí también / Estoy en la autopista al infierno). Cada pisada escuece como el fuego del núcleo de la Tierra. Salgo caminando muy despacio. Mis pies y mi cuerpo entran en comunión. Unos kilómetros más tarde, con el sudor bajando por mi rostro, ya podía trotar. Noté que mientras estuviera caliente y en movimiento el dolor no existía, por eso debía evitar las paradas. Después de hundirme en las interminables dunas seguían los caminos secos y rocosos. La música fue mi salvación.

Revisando las imágenes que grabé en aquel momento con mi GoPro, me partí de risa al verme, en un plano en contrapicado con el cielo azul de fondo, cantando "Si tú quieres tomaaaar, Bacardí con cola (...) Bacardí, hielo, limón, Coca-Cola". Gritaba cada frase como si fuera una plegaria contra el dolor. La canción de King África fue un salvavidas en esos momentos desesperados. Esa fue la clave para superar los 37.5 kilómetros de la tercera etapa, que comenzamos en Oued Moungarf y terminamos en Bah Hallou.

Al finalizarla, me había acostumbrado a los dolores y a las ampollas. Eran parte de mí, los había aceptado y sabía que no me detendrían. A pesar del agotamiento, había recobrado la esperanza y estaba muy concentrado. Pensaba en el siguiente día, el decisivo, con el que te rompes en pedacitos o te conviertes en una bestia del desierto. En tres jornadas habíamos superado más de 112 kilómetros en medio de un calor asesino. En la cuarta debíamos recorrer 81.5, es como trotar dos maratones sin descanso. Un esfuerzo brutal. Me fui a descansar en cuanto pude. Esa noche dormí inquieto e ilusionado.

Al despertarme alisté el morral, amarré bien mis zapatos, los cubrí con las fundas blancas ideadas por Gonzalo para que no se les metiera la arena (su invención había funcionado). Era el momento de enfrentar la etapa reina. "Si la superas, Millán, estarás del otro lado". Al cruzar la línea de partida entré en un estado de enfoque mental muy agudo. Sabía que me esperaba un recorrido eterno, si me acompañaba la suerte llegaría a la meta al día siguiente. No le temía al desierto, ya nos habíamos acostumbrado el uno al otro, éramos viejos nuevos amigos; sin embargo, correr de noche en la inmensidad del Sahara despertaba mis alarmas internas.

En el kilómetro 30 me detuve para comer, hidratarme y descansar un poco, la temperatura superaba los 50 grados Celsius, era intolerable. A pesar de todo, mi ánimo estaba en buena forma. Cuando miraba alrededor, veía a otros competidores que seguramente tenían las mismas dudas y las mismas ganas que yo. Me sentía acompañado. Después de tantas horas en la ruta, al lado de corredores de distintas nacionalidades, todos nos habíamos convertido en una improvisada hermandad que estaba siempre dispuesta a ayudar al otro. El dolor de quien jadeaba a tu izquierda, era tu propio dolor. La risa de quien hablaba a tu derecha, era tu propia risa. Habíamos elegido estar ahí y deshidratarnos en esa caldera arenosa. Seguro que todos creíamos en los imposibles y estábamos allí para apoyarnos.

Los gestos de solidaridad en estas competiciones surgen de la manera más natural. Si alguien te pide agua, tú no revisas cuánta te queda en la cantimplora, simplemente se la das. Si alguien se bota en el camino y dice que no seguirá, tú lo alientas, lo levantas, lo sacudes y le das razones para seguir. Ese *otro* eres tú mismo. Si los seres humanos nos comportáramos en nuestra cotidianidad como lo hacemos en las ultramaratones, este mundo sería un lugar lleno de bondad.

En el desierto te desprendes de todo. Regresas a tu versión más primaria y sencilla. No te importan el glamur o la etiqueta, el sudor o los olores. No hay estratos sociales ni tribunas platino. Todos paramos en algún lugar del recorrido para hacer nuestras necesidades básicas. Orinas, defecas, vomitas, escupes, sangras en las arenas, ellas son tus baños de lujo y tu cama *king size*. Eso es lo que hay, desierto. Y atardeceres hermosos. Y oasis que no son como los de los dibujos animados, de hecho, los organizadores de la MDS te prohíben beber el agua turbia y estancada que hay en ellos, si la tomas podrías enfermar, podrías morir. Tu acto de supervivencia es seguir, bajo el sol canalla o en las noches frías, porque eso es lo que pasa aquí, el cambio de temperatura entre el día y la noche es muy brusco. Si en la tarde soportas 50 grados Celsius, al anochecer se enciende el aire acondicionado y corres con frío, a 5 o 6 grados. Todo el tiempo estás habitando la incomodidad, no hay una zona de confort.

Llevaba varias horas avanzando en la penumbra. No sabía cuánto tiempo faltaba para llegar y, de repente, al levantar la mirada hacia el cielo, descubrí la verde luz de un láser que marcaba la dirección a seguir. Por alguna razón, creí que ese rayo verdoso y eléctrico indicaba que estaba cerca de cumplir la tarea. Entonces, desbordado por la emoción, aceleré al máximo. "¡Vamos, Millán! Queda muy poco". La ilusión duró algunos minutos. Ese fue mi espejismo. Aunque me movía a toda velocidad, no encontraba el punto de procedencia del láser que, suponía, se originaba desde la meta. Estuve así durante algunas horas. Hasta que mi mente se fundió y todo, de nuevo, fue angustia y derrota. ¿Por qué había creído que esa luz verde era la señal divina que indicaba el final de la etapa? Al mirarla de nuevo solo veía en ella una trampa fatal. "No hay final, Millán, no hay final". Me detuve en el siguiente punto de control. "Esto nunca acabará". Paré. Decidí dormirme y no salir de ahí hasta que el láser hubiese desaparecido ante la luz del día siguiente.

"¿Cómo te llamas?"

Con el sol en el cielo volví a trotar sobre la arena y crucé la meta, hacia las 8:00 a.m., apaleado y feliz. No lo podía creer, había terminado la etapa reina, la verdadera autopista hacia el infierno. Al llegar me dieron una lata helada de Coca-Cola, ¡hoy no tomaría té caliente! Y esta era, de manera textual, la última Coca-Cola del desierto. Con una sonrisa en la cara y el dolor en el cuerpo, sabía que ya nada podría evitar que finalizara la Marathon des Sables. Estaba del otro lado. Un rato después, como es habitual en esta ultramaratón, todos nos agolpamos en la línea de llegada de esta etapa para recibir entre gritos y aplausos a los últimos corredores de la prueba, un grupo de japoneses.

Descansé todo lo que pude el resto de la jornada. Esperé con ansias que llegara el día siguiente. La quinta es la última etapa oficial de la competición. Debíamos recorrer 42.2 kilómetros entre Rich Merzoug y Igadoun Tarhbalt. Y aunque cargaba casi 200 kilómetros a mis espaldas, al comenzarla me sentía imbatible. Si bien mi cuerpo estaba extenuado, mi mente estaba en éxtasis. Y esta última es la jefa, la que manda, la que envía los mensajes al organismo, y la señal era: "Sigue, no te detengas, te has hecho más fuerte con todo lo que dejaste atrás".

Lo podías sentir. Había una energía especial en cada uno de nosotros aquella mañana. Fue una travesía más, sin tropiezos. Hubo tiempo para bromear con los amigos en el camino. Diez kilómetros antes de terminar, en el último puesto de control, un chico del personal de sanidad de la carrera me detuvo y me explicó que solo me dejaría continuar si le respondía dos preguntas.

—La primera: ¿cómo te llamás? —me interrogó con ojos compasivos.

—Millán, ¡Millán Ludeña! —respondí con ímpetu, pensando que era una broma.

—La segunda: ¿de qué país eres? —sonrió.

—¡De Ecuador! —repliqué con patriótica emoción.

—Muy bien, Millán Ludeña de Ecuador, eso significa que estás bien, que estás consciente. Y que puedes entender que has recorrido 244 kilómetros en el lugar más caliente del planeta y en la carrera más difícil del mundo. Solo te faltan 10 para terminarla. ¿Puedo pedirte algo? —me preguntó con suavidad.

—Sí, claro...

—Quiero que estos 10 últimos kilómetros te los dediques a ti y que agradezcas a quien debas agradecer. Lo lograste. ¡Felicidades!

Me puse a llorar. Seguí mi camino. Algunos metros antes del arribo saqué mi GoPro y volví a llorar y comencé a agradecerles a mis padres, a mis hermanos, a la gente que me apoyó, a los que siempre creyeron, a mis amigos. No pensaba en las ampollas, en los dolores, en el desgaste. Mi mente estaba en el estado más potente que puede sentir un ser humano, el estado de agradecimiento.

Crucé la meta con la bandera de Ecuador en la mano. Ahí me esperaba Patrick Bauer, el veterano fotógrafo francés creador de esta maratón. Me puso la medalla de *finisher* y me dio un abrazo (lo hace con todos y cada uno de los competidores). Luego el equipo de filmación del evento nos grabó sin descanso. Puedes verme bailando feliz, a los 3 minutos y 26 segundos, en un video de YouTube llamado "Happy Desert-29th Sultan Marathon des Sables 2014", que tiene como fondo musical la canción "Happy" de Pharrell Williams.

Luego fui a la zona de comunicaciones para mandarle el correo decisivo a mi amigo Christian. Él, como cada día, lo replicaría al grupo de amistades y familiares que aguardaban por mis noticias. Esto fue lo que escribí.

> **¡¡¡Lo logramos!!!** Luego de casi 260 kilómetros nuestra bandera ecuatoriana ha cruzado la meta en la carrera más difícil del mundo. Muchas gracias a todos por sus mensajes y deseos, los sentí junto a mí durante estas duras etapas, y en los momentos más críticos me ayudaron a levantarme y a continuar. Hoy he dejado todo en la arena, no me guardé nada y me enfoqué en correr y correr pensando en la meta. Medio me deshidraté, aunque ya no importa jaja. Tengo la medalla de ustedes en mi pecho, es muy linda, pesa y brilla como ella sola. Sables ha sido una experiencia inolvidable, mágica y encantadora, me gustaría compartírsela a cada uno. También nos ayudó a actualizar nuestros límites y a darnos cuenta de que todo se puede lograr y que siempre tenemos muchísimo más que dar. Hoy llegó al desierto la Orquesta de Cámara de París y tendremos ópera. ¡Qué lindo será escucharlos mientras veo el ocaso! Wow, hasta me lavaré la cara con el último pañito húmedo que me queda. Mañana será la etapa UNICEF y me hace mucha ilusión. ¡Los quiero, ECUADOR!

Hace un rato, cuando encontré en mi vieja carpeta de mensajes enviados el *e-mail* que acabas de leer, volví a llorar. Con la Marathon des Sables confirmé que somos capaces de lograr muchos de esos sueños a los que erradamente ponemos la etiqueta de *imposible*. Y durante esos días pude entender que siempre será más fácil hacer realidad esos imposibles en compañía. Terminé la carrera porque, además de mi fortaleza, mi decisión, mi enfoque, mis ganas, mi perseverancia, mi resistencia, mi fe, tenía conmigo a todos los guerreros de la jaima 81 —Antonio, José, Gilson, Pablo, El Ruso, Barbas—, a los desconocidos que corrían a mi lado en cada ruta y a toda la gente que desde mi país me enviaba su afecto. No exagero al decir que renací y me transformé en las arenas del Sahara. Al regresar era otro.

Imágenes de guerra

La última etapa de la MDS fue un recorrido simbólico de siete kilómetros, dedicado a los niños y las niñas del mundo. Corrimos con la camiseta azul del UNICEF. Ese fue el final de la película. Hubo muchos abrazos y un aire de nostalgia. Mientras me subía al camión que nos llevaría de regreso a Marrakech, miré a mi alrededor y me quedé aterrado. Era una escena típica de película bélica: soldados —en este caso atletas, osados deportistas o aficionados al sufrimiento— que cojeaban con heridas en sus pies; seres insolados, flacos, débiles, con ampollas y lesiones, algunos apoyados en bastones. Y, sin embargo, en ellos había una leve sonrisa. ¡Cómo los admiro! Si tú estuviste ahí, en esa edición de 2014, o en las anteriores, o en las posteriores, déjame decirte esto: te admiro, sé lo que debes haber sufrido, y también sé que tu vida fue diferente después de esa experiencia. Te admiro por intentarlo, por llegar hasta el final, por hacer posible lo que parecía inalcanzable.

Al llegar al hotel solo pensaba en dormir. Varios compañeros querían ir a conocer la "ciudad ocre", yo no pude salir de la cama. Pensé que la jornada tendría como recompensa un suculento y abundante asado —¡cuánto lo había soñado!—. Sin embargo, la comida fue pescado al vapor, sin sal ni especias. Nos explicaron que nuestro organismo no estaba en condiciones de digerir un enorme trozo de carne. La parrillada que anhelaba habría sido una cena mortal. La tendríamos al día siguiente.

Antes de regresar a Ecuador, de acuerdo con el plan que había trazado meses atrás, me quedaban dos paradas turísticas, una en Barcelona y otra en París. Dos ciudades que no conocía y que poco disfruté. Estaba tan extenuado que lo que más recuerdo de la capital francesa es la habitación donde permanecí encerrado, anestesiado, casi todos los días. De vuelta a Quito me sometí a las obligatorias revisiones médicas, descubrí que había bajado siete kilos de peso, que había perdido el 17 % de mi masa muscular y tenía muy afectados los isquiotibiales, esos músculos ubicados en la parte posterior del muslo, que van desde la cadera hasta la rodilla y con los que podemos extender la pierna en forma recta hacia atrás.

Nuestro organismo es muy sabio, lo puedes someter a las presiones más absurdas y él siempre tratará de funcionar y mantenerte con vida. Yo llevé mi cuerpo hasta el límite. No lo alimenté de la manera adecuada, tampoco le di el reposo necesario —era imposible conseguirlo en la Marathon des Sables—, y él comenzó a "devorarse" por dentro. Por eso podría decir, de manera alegórica, que me "comí" los isquiotibiales en el desierto. De otro lado, a nivel hormonal la afectación fue muy poca.

Cuando Gisela, mi fisioterapista y hoy mi gran amiga, me evaluó, noté en su rostro una expresión de inquietud. Ella asumió el reto de orientar mi recuperación. Inmediatamente empecé un régimen alimentario alto en proteínas y complementé mis entrenamientos atléticos con sesiones de peso. Tuve agotamiento crónico durante meses. A pesar de todo, el *im-posible* valió la pena. En la prensa nacional le dieron una buena difusión a mi travesía. Mi nombre comenzaba a ser visible para el gran amo del universo Google. Mientras tanto, intentaba concentrarme en mis labores en el sector público. Me sentía muy aburrido con la vida de funcionario. La oficina era un desierto que ya conocía de memoria y en el que la meta era, simplemente, esperar a que terminara la jornada. Necesitaba nuevas emociones. ¿Otra ultramaratón, quizás?

4

La Antártida en un vaso de *whisky*

Un ídolo en peligro

El viernes 13 de noviembre de 2015, el expedicionario londinense Henry Worsley emprendía su aventura más arriesgada, atravesar la Antártida solo, sin el apoyo de guías o perros entrenados, con el equipamiento mínimo: un par de esquíes, un trineo, una tienda de campaña, un sistema básico de comunicaciones, un GPS y comida para 80 días, aunque él pensaba que solo necesitaría 75 para terminar la ruta. Muy animado comenzó su recorrido en la isla Berkner, ubicada en la barrera de hielo Filchner-Ronne. Lo hacía por una causa benéfica, recolectaba dinero para los soldados británicos heridos y para los veteranos. Estaba convencido de que lograría su objetivo. Conocía el terreno, lo había visitado en dos ocasiones (entre 2008 y

2009) y sentía que era guiado por el espíritu de su gran héroe, el explorador irlandés Ernest Shackleton, uno de los primeros en recorrer este inhóspito territorio a comienzos del siglo pasado.

Worsley, un militar inglés en el retiro, caminaba cada día durante al menos 13 horas sobre sus esquíes con una tenacidad envidiable. En las noches grababa su audio-diario en el que recogía las experiencias vividas. A pesar de las difíciles condiciones climáticas, de los vientos salvajes y una temperatura que rondaba los 40 grados Celsius bajo cero, su voz y sus comentarios siempre sonaban esperanzadores. Los miles de personas que seguían sus avances (entre ellas, muchos estudiantes de colegio) no dudaban que el experimentado viajero llegaría al final de su misión.

Yo aterricé en la Antártida un par de meses después, en enero de 2016, a bordo de un avión ruso ruidoso y enorme —parecía la nave de una película clásica de guerra—, con el fin de completar el nuevo reto que me había propuesto, correr los 100 kilómetros de la Antarctic Ice Marathon. Y aunque siempre había sentido gran admiración por Worsley, ignoraba que en aquel momento estábamos en esa misma zona aislada de la Tierra. De haberlo sabido, él habría estado en mis plegarias de cada noche y en mis pensamientos al correr en esa zona gélida. No dejo de pensar en las curiosas casualidades (o causalidades) de la vida. Pocos días después yo estaba en una tina de agua tibia, dentro de un iglú, celebrando el no haber perecido congelado y en ese mismo instante, a no muchos kilómetros de distancia, el expedicionario británico agonizaba en su refugio improvisado sin poder terminar su proeza.

Whisky en las rocas

Al regresar de la Marathon des Sables, me costó mucho retornar a la vida sin sorpresas de la gestión pública. En la oficina solía tener mi cerebro en otro lado. En el desierto me sentía un superhéroe; en el despacho, a pesar de los buenos resultados de la estrategia de biocombustibles, volvía a ser un Clark Kent oscuro, sin Luisa Lane y con pocas esperanzas de lucir nuevamente la capa roja. No sabía hacía dónde iba. Hablaba de eso con mi psicóloga, estaba entrando en el vacío, en la zona gris de vivir sin un porqué. Y en medio del aburrimiento —aunque ya tenía una pantalla plana— pensé que sería bueno buscar otro desafío atlético. En aquel momento no entendía que cada nueva carrera representaba una oportunidad de escapar (de la oficina, de mi Clark Kent, de la normalidad).

Ya había competido en el calor agobiante del desierto, ¿por qué no intentarlo en un escenario totalmente opuesto? Así encontré la Antarctic Ice Marathon & 100, que en aquel entonces ofrecía tres competiciones diferentes, una corta de 10 kilómetros, una maratón en toda regla, de 42 kilómetros; y un reto de suma exigencia, de 100 kilómetros, que, por cierto, se corrió por última vez en 2017 e inspiró una nueva franquicia creada en 2024, la Antarctic Ice Ultra (que cuenta con tres categorías de largo aliento 50k, 81k y 100k), y cuyo punto de salida es Ciudad del Cabo, en Sudáfrica. ¡Las ultramaratones se han convertido en negocios muy lucrativos!

Terminar una competencia de 100 kilómetros, en el lugar más frío de la Tierra y en medio de lo que Henry Worlsey denominaba la "blanca oscuridad", fue otro *imposible* por el que me sentí atraído de inmediato. En esa época ningún ecuatoriano había participado en esta prueba, y cuando me puse a revisar cuántos corredores habían terminado las dos, las maratones del infierno y del frío (Sables y Antarctic), noté que no superaban la decena, eran como siete u ocho. Yo quería estar en la lista exclusiva, aunque sabía que este sueño tendría un alto costo físico y económico: el viaje exigía una inversión de 20 000 dólares, un dinero que no tenía. De todas maneras, podía conseguirlo, el dinero no iba a ser un impedimento.

No tardé mucho en utilizar la metodología que me había funcionado para conquistar el desierto. La alarma del celular sonaba varias veces al día, con ella recordaba que debía estudiar o aprender algo sobre mi nuevo destino. En pocos días el nombre "Antártida" estaba inscrito, cosido o superpuesto en el tapete de entrada de mi departamento, en las almohadas, las toallas, mis camisetas deportivas y el protector de pantalla de la coomputadora. Si mi presupuesto de aquel entonces me lo hubiese permitido, habría amueblado la casa con sillas, sillones, mesas y accesorios blancos y turquesas. Yo, que crecí cerca del mar, de la playa y el calor, estaba decidido a convertirme en un hombre de hielo —varios años antes de que Wim Holf se hiciera popular—. Enfrentaría el frío, buscaría la lluvia y el viento helados, debía acostumbrarme a convivir con ellos, los tendría en mi hogar.

Saqué la cama de mi habitación y la puse en la sala. Dormía sobre el edredón (nunca debajo de él) en shorts, sin camisa, sin calcetines, sin cobijas, con todas las ventanas abiertas. Las bajas temperaturas de la noche y la madrugada quiteñas me despertaban. Yo me cubría con la almohada. Tiritaba. Temblaba. No desistía. Si quería convertirme en un hombre de hielo, debía acostumbrarme. Dejé de bañarme con agua caliente, solo me daba duchas frías. Vivía resfriado y entregado a los poderes reparadores de la vitamina C. Al cabo de varias semanas mi cuerpo se fue acostumbrando.

Seguía de manera aplicada los reportes meteorológicos y cada vez que había pronóstico de chubascos yo estaba listo para salir. Corría bajo la lluvia y las tormentas, los fines de semana corría en las montañas con ropa muy ligera sabiendo, en todo caso, que no era suficiente. Necesitaba hallar un lugar de práctica que emulara las condiciones de la Antártida y no se me ocurría cuál podría ser. Hasta que una noche, al ver cómo uno de mis amigos agitaba suavemente su vaso de *whisky* en las rocas sin quitarle los ojos de encima, como si ahí adentro circulara su propia vida, hallé la respuesta que buscaba: ¡debía entrenar en una fábrica de hielos o en un gran congelador de alimentos!

El sudor y el hielo

Esa misma semana hablé con el dueño de una de las principales cadenas de supermercados de mi país y le pedí que me dejara practicar en su congelador. Él me respondió que, si bien mi idea sonaba lógica, quizás yo desconocía un detalle importante, al correr ahí adentro, el sudor o cualquier micropartícula que saliera de mi cuerpo podría causar una seria contaminación cruzada en los productos que ahí se guardaban. “No querrás enfermar a medio Ecuador, ¿no?”, concluyó. Tenía razón. Después toqué la puerta de los floricultores, era una alternativa muy viable porque en sus congeladores no se albergaban comestibles, el problema es que estaban ubicados a dos o más horas de Quito.

No tuve más remedio que contactarme con una fábrica clandestina de hielo. Hablé con el propietario y me alquiló su congelador, con varias restricciones. Como su planta comenzaba a operar a las siete de la mañana y él no quería que sus trabajadores se enteraran de nuestro trato —que iba en contra de las condiciones de higiene—, yo podía usar el espacio de cuatro a seis, ni un minuto más. Y no debía contarle a nadie sobre este acuerdo.

Conseguí una caminadora eléctrica y la llevé a mi nuevo "gimnasio". Ya contaba con la máquina para simular el camino en mi simulada Antártida que, siendo más preciso, era una estrecha habitación llena de contenedores de plástico y bolsas de hielo, que me rodeaban a derecha e izquierda. No era un paisaje muy cinematográfico. El primer día, además de sufrir por el frío, tuve mucho miedo, me sentía pesado, ahogado, y si esas eran mis sensaciones en este espacio de mentiras que podía abandonar en unos cuantos segundos, cuáles podrían ser mis reacciones en la geografía real. No dejaba de pensar en ello.

Aunque no había tenido episodios epilépticos en muchos años, con el fin de evitarle un problema al dueño del local y por mi propia seguridad, le pagué a un amigo para que cada cinco minutos abriera la puerta y constatara que yo seguía ahí, en pie, trotando. Un desmayo, un paréntesis, en ese entorno, habría resultado fatal. La epilepsia solo fue un fantasma. Nunca se presentó.

Los temores y las dudas las fui resolviendo con el apoyo de mi círculo cercano. En esa época, a mediados de 2015, yo contaba con el respaldo de un grupo de amigos y especialistas, entre ellos Gonzalo Calisto, que me ayudaban con las rutinas de entrenamiento, alimentación, recuperación, fisioterapia y fortaleza mental. Ninguno cobraba un peso, me echaban una mano por el gusto de verme cumplir otro sueño. Mi sueño era el suyo. Su generosidad fue mi brújula.

Reorganicé mi vida en torno a las horas de entrenamiento. Me levantaba a las tres de la madrugada, llegaba al congelador poco antes de las cuatro, regresaba a casa poco después de las seis, me bañaba con agua helada y comenzaba mi jornada como funcionario estatal a las ocho. Realizaba mi trabajo en "piloto automático", salía del trance cuando sonaba la alarma del celular y volvía por unos minutos al estado Antártida. A las siete de la noche estaba en la cama, en *shorts,* buscando el sueño. Ni me sobraba ni me faltaba tiempo, era un horario preciso. Fui capaz de crear esta nueva rutina al entender qué era lo urgente, qué era lo importante y qué, definitivamente, no era ni urgente ni remotamente importante.

Con el transcurrir de los días mi escenario de competición lucía aún más convincente, conseguí un telón blanco y lo puse justo en frente de la caminadora eléctrica. Todo lo que veía era el "vacío", la nada. Suponía que así sería el paisaje antártico. La máquina de entrenar se dañó semanas más tarde debido a la humedad y el frío del lugar. El motor se fundió. La banda no se movía. Tuve que hallar una caminadora mecánica de rodillos. Sobre ella recorrí centenares de kilómetros. Y, siguiendo las recomendaciones de Gonza, dejé atrás la sensación de asfixia e hipotermia: "La clave está en el ritmo. Si corres demasiado rápido te vas a cansar antes de tiempo y quizás no llegues a la meta. Si corres muy despacio morirás congelado en la Antártida. Si consigues el ritmo perfecto, uno que te resulte tan cómodo como caminar en casa, nunca sentirás frío. Piensa en eso, en un ritmo que, sin importar el lugar, podrías mantener 'eternamente' ". Como siempre, su consejo dio en el blanco.

Aunque estaba muy motivado, correr ahí adentro era una misión deprimente nivel Dios. Como había decidido ejercitarme sin música, lo único que escuchaba era la fricción de los rodillos medio oxidados al compás de mi respiración. Esa era mi melodía austral.

Sin planearlo, ese entrenamiento en el "vacío", ausente de distracciones, canciones o imágenes estimulantes, me permitía conectarme con mi ser profundo y desde ahí, mientras trotaba y respiraba, iba construyendo en mi mente las situaciones, las sensaciones, las emociones que me esperaban al competir en medio de la blanca oscuridad. En decenas de ocasiones, desde aquella fábrica de hielo en Quito, cruzó por mi mente la meta de la Antarctic Marathon & 100 y di las gracias, por adelantado, al haber desbloqueado otro imposible. Sin haberlo hecho, ya lo había hecho. El poderío de la mente es increíble.

Rocky Ludeña

Todo el entrenamiento duró cerca de nueve meses, seis de ellos los pasé en el congelador. Puedo decir, con evidencias médicas y numéricas, que estaba en el mejor momento físico de mi vida. Había aprendido mucho. Contaba con asesoría y orientación profesionales. No era el mismo "loco" que se presentó en Mojanda con la mochila y los tenis errados, creyendo que aquella carrera sería una graciosa anécdota de Instagram y que se botaría a los 10 kilómetros. En 2015 correr era parte de mi vida, por eso cuidaba cada pequeño detalle de mi ruta hacia la Antártida. Me sentía más fuerte, también más responsable.

Logré que la suerte estuviese de mi lado. Dos de mis preocupaciones permanentes las resolví sin grandes dificultades. La primera, reunir el dinero para cubrir el viaje, la solucioné con el apoyo económico de la Corporación Nacional de Telecomunicación (CNT) y de Seguros Sucre, compañías estatales que auspiciaron mi expedición; de algo sirvieron mis contactos en el sector público, las presentaciones en Keynote, el buen uso de las palabras sexis y ser un nombre conocido en Google. Aun así, para completar los 20 000 dólares requeridos, tuve que sumar 5 000 procedentes de mis ahorros.

La segunda urgencia era conseguir la indumentaria adecuada para competir a 40 grados bajo cero. En medio de la búsqueda me encontré con una pareja extraordinaria, la que forman Carla Pérez y Esteban "Topo" Mena, dos de los montañistas ecuatorianos más respetados en mi país y en el mundo. Ella se convertiría en la primera mujer de Latinoamérica en alcanzar la cima del Everest sin oxígeno suplementario. Cuando nos conocimos aún no lo había logrado. En 2013, en su primer intento, se quedó a menos de 200 metros de la cima. La obligaron a parar porque estaba a punto de perder los dedos de sus manos. Carla fue humilde y paciente —como suelen ser los seres de la montaña— y coronó en 2016. Por su parte, Esteban, quien ha conquistado el Everest en varias ocasiones, es recordado en nuestro continente por ser el escalador más joven en superar la pared sur del Aconcagua, en Argentina. Lo hizo en 2009, tenía tan solo 19 años, junto a él estaba su actual pareja.

Haberlos conocido fue una fortuna. Sus historias de escalada me apasionaron profundamente y desde entonces tienen un lugar muy especial en mi vida. Los dos eran maestros en batir imposibles. Al notar que teníamos una estatura muy similar, Carla decidió prestarme la ropa con la que había intentado subir al Everest. Me sentí honrado, que una deportista como ella me ofreciera su "traje de batalla" era un gesto imposible de rechazar. Me dejó varias piezas típicas de quienes habitan los ochomiles —las montañas más altas de la Tierra, las que superan los 8 000 metros—, entre ellas una gruesa chamarra, un pantalón y sus botas de escalar. Yo no iba a subir al K2, eso estaba claro, sin embargo, esta indumentaria me serviría para cuidar la temperatura corporal antes y después de la carrera en la Antártida, así evitaría un desgaste calórico innecesario. Y, además, eran prendas cargadas de una tremenda energía vital.

El resto de la ropa y los accesorios los compraría en Estados Unidos a finales de 2015. Quería terminar mi etapa de entrenamiento en ese país, en vísperas de la temporada invernal. Renté una cabaña cerca de Lake Tahoe, el maravilloso lago alpino ubicado en la frontera entre Nevada y California, a un par de horas de la ciudad de Davis, donde vive mi hermana. Ahí estaba solo, alejado del mundo, conectado con la naturaleza, rodeado de nieve y repasando en un reproductor de video todas las películas de la saga de Rocky. Aunque no me ejercitaba en un primitivo establo de Siberia, como lo hizo Balboa para derrotar al boxeador ruso Iván Drago, sí me sentía parte de la trama de ese filme, de *Rocky IV* (1985), cuando salía a trotar en medio de los paisajes nevados con mis nuevos tenis y mi nuevo atuendo.

Con esa temporada de aislamiento, esfuerzo, compras necesarias y sudor culminó mi preparación para la ultramaratón del hielo. Estaba listo para afrontar el reto (en mi cabeza sonaba la música introductoria de Rocky). Algún día, cara a cara, podré contarle a Stallone que sus filmes han sido la fuerza inspiradora de muchos de los logros más importantes de mi existencia (lo habrás notado durante todo el libro).

Espaguetis y albóndigas

A mediados de enero de 2016, mientras Henry Worsley avanzaba a través de la nieve para cumplir con su sueño de atravesar la Antártida en soledad, yo volaba hacia Santiago de Chile, la primera escala de mi expedición. Ahí abordaría otra nave hacia Punta Arenas, en la Patagonia chilena, que era el punto de encuentro de quienes competiríamos en la categoría de 100 kilómetros de la Antarctic Ice Marathon. Como el clima estuvo de nuestro lado, a las nueve de la noche del 19 de enero emprenderíamos el viaje definitivo de cuatro horas hacia el Union Glacier Camp, el lugar donde nos alojaríamos.

Abordamos un enorme, viejo y robusto Il-76, un ruidoso avión ruso de transporte pesado, donde nos fuimos acomodando mientras el capitán Romanov (creo que ese era su apellido) nos daba la bienvenida. Nuestro piloto sonriente, que parecía salido de la saga de *Misión Imposible*, vestía una chamarra de piel gastada, llevaba un gorrito y barba de seis o siete días. Él era el aviador, el mecánico, la azafata, el médico y el entretenimiento a bordo, todo al mismo tiempo. Una hora antes de comenzar el descenso, el capitán nos pidió que nos pusiéramos nuestros atuendos antárticos para protegernos de las corrientes de viento helado que nos esperaban en tierra. A mí me pareció una petición algo exagerada, sin embargo, seguí las instrucciones. Luego nos recordó que debíamos "amarrarnos" (sí, textualmente) a las sillas para acometer el seco y crujiente aterrizaje. Ni siquiera las capacidades de Romanov, un piloto experto en estas situaciones, pudo evitar que el contacto de la nave con el suelo se sintiera como un golpe en el estómago. Aterrizamos sobre el hielo, no en una pista de algodón. El Il-76 rebotó en el piso y siguió deslizándose sobre este por un buen rato hasta perder velocidad, dar un leve giro y detenerse por cuenta de la fricción.

Tan pronto se abrió la puerta de la nave para empezar el desembarco, sentimos la blanca oscuridad: una violenta ráfaga de viento y nieve que nos sacudió y nos enceguecíó a todos durante algunos instantes. Ese era el saludo de advertencia del continente antártico. Nos recogieron en unos potentes camiones de llantas muy anchas, especiales para aquel terreno. Aunque eran como las dos de la madrugada (hora chilena), brillaba la luz del sol. Y allí, radiante, distante y hacia un costado, se quedó hasta nuestra partida. Nunca tuvimos noche.

Al llegar al campamento, nos esperaba una cena con muchos espaguetis y albóndigas, también abundaban los chocolates, los helados, las bebidas de cola, porque nuestros cuerpos necesitaban una alta dosis de grasas y azúcares para mantener su funcionamiento habitual. Se estima que nuestro organismo, en condiciones normales, requiere de entre 2000 y 2500 calorías diarias para operar de manera apropiada. Pues bien, para sobrevivir a las bajas temperaturas de la Antártida, y especialmente si vas correr ahí una ultramaratón, tu cuerpo demandará cerca de 6000 calorías por día. Así que no es una mala idea comer espaguetis, albóndigas, chocolates, en fin… Es un cambio de menú temporal y de supervivencia. La cocina estaba abierta las 24 horas para los participantes de la competencia.

Después de la comida, a cada uno se le asignó un iglú, una tienda de campaña bien dotada, confortable y marcada con un nombre, la mía se llamaba Harley. Fue ahí, en el espacio reducido y en medio de las horas muertas, donde comenzó la verdadera prueba de resistencia, la de no perder la calma. Aunque la fecha pactada para realizar la carrera era el jueves 21 de enero, en el terreno todo podía cambiar. Los organizadores te lo explican desde el mismo día de la inscripción, en la Antártida mandan la nieve, el viento, las fuerzas de la naturaleza. Si ellas lo permiten, se sigue el itinerario, si ellas no quieren, habrá que posponer la partida o, incluso, cancelar el evento.

Encargar un te amo

Refugiado en el iglú Harley, mataba el tiempo respirando, pensando y leyendo las páginas de *La vuelta al mundo en 80 días*, la novela de uno de mis ídolos de infancia, el francés Julio Verne. Fue una buena idea llevarla conmigo. Fue una mala idea leerla tan rápido. De repente me había quedado sin mi principal fuente de entretenimiento. Me preguntaba, algo enfadado, por qué no había llevado otro libro. Cualquier respuesta sería inútil. Quería hablar con alguien de mi familia, con algún amigo. Miraba la pantalla del móvil con resignación, ni el celular más potente tenía señal en ese rincón del mundo. En medio del silencio y de la espera, muchas imágenes, ideas y reflexiones tomaban mi cabeza. Pensaba en Tom Hanks hablándole a la pelota de voleibol que llamó Wilson en la película *Náufrago* (2000). Pensaba en aquel niño epiléptico que creció en un barrio pobre de Guayaquil, en la calle Ayacucho con Octava. ¡Jamás se habría imaginado corriendo en el desierto o desafiando la Antártida! Ahora era un personaje digno de las historias de Verne —sin saber que un año después tendría mi propio *Viaje al centro de la Tierra*—.

El tiempo transcurría espeso. No había ni día ni noche, solo ese cielo azul eterno que parecía un fondo de pantalla. Era como si nada pasara. En este mundo congelado se habían congelado las horas. Intentaba estar tranquilo. Meditaba, estiraba, hacía yoga, lo había practicado mucho con mi psicóloga, los dos sabíamos que los momentos más difíciles de la carrera no estaban allá afuera, estaban adentro, en el iglú y en mi cabeza. Cuando llegaba la desesperanza, tomaba el celular, veía los mensajes de aliento y cariño que me habían grabado muchas de las personas que amo; recobraba la fuerza. Pude hablar con mi hermana Yunín a través de un teléfono conectado con la red satelital Iridium. Le dije, sin estar muy convencido, que al día siguiente correría sobre el hielo pensando en ella, y en mis sobrinos, y en Yeya, y en Isra y en Pepe. No había certezas. En ese lugar lo único cierto es el ahora.

Regresé a Harley, me acosté, dormí un poco y en la madrugada me despertó la noticia. En 90 minutos debíamos presentarnos en la línea de partida. Las condiciones climáticas eran las apropiadas y teníamos una ventana de 24 horas para terminar la carrera. Mientras me alistaba sentí una angustia enorme, recordé a todos los que me habían grabado sus mensajes. Quería decirles urgentemente que los amaba. Yo había escuchado muchas veces que nada en la vida estaba por encima del amor, y no lo entendía, solo lo comprendí esa mañana antes de comenzar la competencia. "Los amo", pensaba. ¿Por qué no los llamé antes? Ya era demasiado tarde para intentar contactarlos a través del Iridium. Nunca he sentido un arrepentimiento tan grande. Al salir del iglú me tomé una *selfie* y le pedí a uno de los organizadores de la carrera que por favor se la mandara a mis padres, con un "te amo", en caso de que yo no regresara, porque esa era una posibilidad abierta, que no volviera, que muriera congelado entre la nieve.

No hay nada más triste que encargar un te amo, que pedirle a otro que diga por ti lo que tú debiste haber dicho. No hay nada más importante que la gente que amas. Ni la Patagonia, ni el Sahara, ni la Antártida, ni tu nuevo emprendimiento, ni el Ferrari que sueñas; nada tiente tanta importancia. Entonces aprendí que nunca hay que encargar un te amo si uno mismo puede decirlo.

El secreto y la jeringa

Es el momento. Son casi las 10 de la mañana del jueves 21 de enero de 2016. El sol sigue en su lugar de siempre y el azul del cielo no cede. Aquí no suena "Highway to Hell". No hay centenares de corredores esperando la salida. Solo somos ocho. Siete hombres y una mujer. Ocho locos que no le temen al camino del hielo. Yo soy el único latinoamericano, el único que habla español y llevo el número siete. Muevo los dedos de los pies dentro de los confortables calcetines de lana merino que los recubre. Se sienten suaves, calentitos y bien ajustados al interior de mis tenis Salomon Spikecross, que cuentan con pequeños tacos de titanio para impedir resbalones en la nieve. Mi rostro está protegido por una balaclava (pasamontañas) y unos estéticos *goggles* Oakley. Me acostumbré a correr así, con la cara tapada, como un ninja del frío, en mis entrenamientos en Lake Tahoe. El resto de mi cuerpo está cubierto como una cebolla. El tronco y el cuello están envueltos por varias capas de delgadas chamarras de senderismo invernal; mis manos están aisladas del frío por tres pares de guantes y a mis piernas las abrigan cuatro ligeros pantalones. En ellos hay un secreto.

Mi equipo de carrera creó unos bolsillos internos, cercanos a la entrepierna, para poner en ellos toallas sanitarias femeninas por si quería "ir al baño". Después de hacer mil pruebas con todas las marcas de compresas conocidas en el mercado ecuatoriano (anchas, delgadas, con alas, sin ellas), encontramos la adecuada. Este creativo urinario personalizado no era una excentricidad, evitaría que me detuviese en el camino. Parar a orinar en una zona donde la temperatura podía descender hasta 30 grados bajo cero, con un viento de 30 nudos, era un acto suicida, sobre todo por el tiempo que debía invertir en quitarme los guantes y los cuatro pantalones que me protegían. Tardaría demasiado. Como lo había dicho Gonzalo, debía mantener un ritmo de carrera eterno para conservar el calor corporal. Hacer una pausa para vaciar la vejiga era un suicidio. De otro lado, la compresa debía absorber todo el líquido que yo expulsara. Si llegara a producirse un goteo, la orina se congelaría, quedaría en una zona de fricción y, debido al movimiento de mis piernas, acabaría produciendo llagas en mi cuerpo, el dolor me obligaría a interrumpir la marcha y a quedar a merced de las fuerzas de la naturaleza. Yo tenía las toallas higiénicas adecuadas, por lo tanto, no corría peligro. Al menos eso pensaba.

Los competidores nos observamos a través de nuestras gafas, nos deseamos la mejor de las suertes y partimos hacia lo desconocido. La prueba de 100 kilómetros de la Antartic Ice Marathon consiste en completar 10 veces un circuito de 10 kilómetros. Dicho así, suena engañosamente fácil. Cuando la corres te enteras de su dolorosa exigencia. Desde el primer paso tenía en mi mente el consejo de Gonza, cuidar y preservar el ritmo. No tardé mucho en encontrarlo. Al cabo de unos cuantos kilómetros, rodeado por el blanquísimo paisaje, entré en ese estado mental que había creado al trotar en el congelador de Quito. Foco absoluto. El universo y yo éramos uno solo. Aunque había llevado una buena banda sonora para el camino, me salté muchísimas canciones y audios y prefería correr en silencio.

No era un silencio total, de fondo escuchaba mi respiración y el ruido de las pisadas en el suelo, que a veces emitían ruidos cadenciosos (al pasar sobre la nieve más suave) o sonaban como un seco crujir (los pies sobre el hielo). En la Marathon de Sables, a pesar de los 40 grados Celsius, la temperatura no me intimidaba, el calor siempre ha sido mi casa; aquí era otra historia, aunque había trabajado muy duro para convertirme en un hombre de frío, el entorno me atemorizaba. Además, en el Sahara casi siempre tenía a algún corredor a la vista, en esta competición, básicamente, avanzaba solo, y era difícil vislumbrar qué había o quién estaba 20 metros más adelante debido a la neblina.

Al menos sabía que no habría coyotes, ni minas antipersona, y la ruta era fácil de seguir porque todo el camino estaba marcado con banderas de color azul celeste y las montañas me servían como punto de referencia. Me gustaba llegar a las curvas, que eran largas y me recordaban que estaba avanzando. La luz solar, en cambio, se convertía en un constante engaño, como nunca cambiaba y se mantenía en su modo fondo de pantalla, me hacía dudar del tiempo que llevaba compitiendo ahí afuera. Por eso, cada vez que pasaba por el punto de partida para empezar un nuevo circuito, recordaba muy bien en qué vuelta iba.

Corrí con muchísimo *flow*. Casi en estado meditativo. Mantenía el paso sintiendo mis pulsaciones, de manera intuitiva. El frío era soportable si continuaba con el plan, de ritmo y alimentación, propuesto por mi equipo. Cada cierto tiempo bebía proteínas o carbohidratos líquidos. La barra proteica que cargaba conmigo no pude probarla porque se congeló. Y cada 30 kilómetros debía parar a cambiarme rápidamente de ropa, que se cubría de escarcha en pocos segundos. Era bello estar ahí, en medio de aquellas blanquísimas montañas, sin embargo, durante varias horas troté con miedo. Tenía un raro presentimiento.

Al llegar al kilómetro 63 sentí un dolor insoportable en la pierna izquierda que me obligó a bajar el ritmo de carrera. Cojeaba. No había nadie cerca. Nadie a quién pedir ayuda. En medio de la angustia recordé que llevaba conmigo una jeringa cargada de analgésico, la tenía pegada al pecho con una cinta adhesiva multipropósito de color plateado, por si surgía una emergencia. Esta era una de ellas. Me detuve. ¡Lo presentía! Sentado en la nieve, muy asustado, me la apliqué y creo que lo hice mal porque mi pierna comenzó a calentarse.

Al haber perdido el ritmo "eterno" mi cuerpo comenzó a enfriarse. Lentamente me transformaba en un bloque de hielo. Un movimiento tan simple y tan leve, como la contracción del tórax al inhalar y al exhalar, se había convertido en una acción pesada y dolorosa. Si te duele respirar, estás mal. Muy mal. Era un pedazo de carne congelado. Me abrazó el torbellino de la desesperanza y entré en un paréntesis.

( ).

No era el paréntesis de las convulsiones. Fue uno breve —eso creo—. Un desmayo corto —aunque no puedo asegurarlo—. Esta era la blanca oscuridad de la que hablaba Henry Worsley, quien, en ese mismo momento, sin yo saberlo, estaba a un puñado de kilómetros de distancia, inmóvil en su tienda de campaña, muy débil, desconsolado, dando por terminada su expedición en la Antártida, sin haber cumplido su cometido. "Mi viaje ha llegado a su final", dijo en su última comunicación grabada. En esos instantes en los que perdí el sentido, regresé a mi infancia. Vi al pequeño Millán, en el calor de Guayaquil, recorriendo las calles del barrio en camiseta y pantaloneta, jugando al futbol con los chicos, mirando curioso las vitrinas del centro comercial. Visiones melancólicas que me arrastraban al pasado como una soga que apretaba el cuello, y entonces, de la nada, emergió otra imagen, una especie de foto cerebral de los rostros de mis sobrinas, y el paréntesis terminó. Abrí los ojos con furia. Me incorporé con mucho vigor, recargado, con una sola intención en mi mente, terminar la maldita carrera para poder abrazar de nuevo a mis sobrinas. Rocky Ludeña había vuelto del nocaut.

"El último viaje"

Retomé el ritmo deseado. Estaba en un estado alterado de conciencia. Para ese entonces el estadounidense Griff Griffith ya había ganado la 100k con un tiempo de 12 horas, 18 minutos y 40 segundos (¡bestial!). Yo seguía corriendo muy concentrado. En uno de los puestos de control me encontré con Andrew Kraus, otro corredor de Estados Unidos, quien me miró con cara de terror, dejó de alimentarse de inmediato y salió veloz hacia el camino. No pude ni saludarlo. Para mí lo más importante era comer y recuperarme, no tenía apuro. Regresé a la nieve fortalecido. De pronto, una emoción que no provenía de mi ser consciente disparó en mi cerebro una actitud de cazador y solo pensaba en "atrapar" a Kraus. Ese se convirtió en mi principal objetivo. Era un predador tras su presa. "Te voy a agarrar, te voy a agarrar". Iba tras él. Podía olerlo. Después del kilómetro 90 lo conseguí. Lo devoré. Lo rebasé y estaba seguro de que no podría seguir mi paso. Se quedó atrás, viendo cómo me alejaba.

Faltaba poco. Tenía el ánimo por las nubes. A lo lejos reconocí la meta. Troté con más ímpetu. Tomé la bandera de Ecuador —la organización ubica los distintivos de cada país participante muy cerca de la llegada—, crucé la línea y, al igual que al finalizar la Marathon de Sables, sentí una felicidad contenida. Estaba contento mas no excesivamente eufórico. Aunque era mi primera carrera en la Antártida, esta meta ya la había atravesado antes, en mi mente, en el congelador en Quito. Ya lo había vivido. Por eso mi sorpresa no era tan grande.

Ocupé el cuarto lugar, con un tiempo de 16 horas, 18 minutos y 24 segundos. Estuve muy cerca del podio. En otra parte del mundo habría sentido el cambio de la mañana a la tarde (la maratón comenzó a las 10 horas de Chile), la entrada de la noche, la madrugada (técnicamente llegué al otro día, a las 2:18 de Chile), aquí el sol seguía igual. Andrew Kraus llegó 16 minutos después. La competidora de

Singapur, Ángela Chong, la única mujer de la carrera, arribó a las 21 horas, 11 minutos y 19 segundos; el último atleta en cruzar la meta lo hizo a las 23 horas. Los demás competidores me recibieron con cariño. Gritamos todos juntos con la alegría de haber cumplido.

Me dirigí al refugio con mayor temperatura del complejo, me metí en una tina de aguanieve descongelada que habían mantenido caliente, un lujo que solo te puedes dar tras finalizar la competencia y que también sirve para comprobar cómo está tu cuerpo, ¿tus manos y tus pies aún perciben la tibieza del agua? ¿Sienten algo? Es importante saber que tu sensibilidad sigue ahí porque en estas carreras, debido al frío extremo, algunos de tus tejidos pueden haber muerto. Metido en el agua me sentía como en un hotel de seis estrellas, relajado, victorioso, después de haber derrotado a Iván Drago y con ganas de regresar al universo del calor.

La sonrisa de mi rostro se borró cuando escuché algunas conversaciones desesperadas entre la gente del campamento. Había un aire de desolación. Yo no entendía nada. Alguien me explicó que a pocos kilómetros de nosotros estaba Henry Worsley, quien intentaba cruzar la Antártida en soledad con sus propios medios, atrapado en su tienda, muy enfermo y débil. Me emocionó saber que ese expedicionario admirable estuviese ahí. No me preocupé demasiado, sabía que él tenía una maestría en dificultades y me parecía un hombre invencible. Con el paso de las horas la situación se tornaba más grave. Ya nadie hablaba de los 100 kilómetros que habíamos dejado atrás, nuestra atención estaba puesta en el aventurero inglés.

En cuanto lo encontraron, lo subieron con prisa al Il-76 que nos llevaría a todos de vuelta a Punta Arenas. Fue un vuelo tenso. Nunca vi a Worlsey, los competidores y el personal médico que lo atendía estábamos separados por una especie de cortina. De un lado, los guerreros que celebraban la vida; del otro, el más osado guerrero del hielo, que aguardaba su muerte. Al aterrizar, me dirigí a mi nuevo destino, el hermoso Parque Nacional Torres del Paine, al extremo sur de Chile, donde tenía planeado descansar algunos días.

El domingo 24 de enero, mientras yo me recuperaba del esfuerzo en un entorno sugerente y apacible, Henry fallecía en un hospital de Punta Arenas, a sus 55 años, víctima de una peritonitis que primero afectó su hígado y luego le causó una falla renal. Su esposa Joanna, quien había viajado de urgencia desde el Reino Unido, se enteró de la noticia en el aeropuerto de Santiago de Chile, poco antes de partir hacia aquella ciudad distante.

Tiempo después, ya de regreso en Quito, leyendo el libro *The White Darkness* (*La blanca oscuridad*, 2018) del destacado periodista de *The New Yorker*, David Grann, pude comprender el calvario del expedicionario en sus últimos días en la Antártida. Había perdido uno de sus incisivos superiores y tenía un gracioso hueco en su dentadura (como se puede apreciar en una foto que él mismo se tomó). Le dolía mucho la espalda, sus brazos y sus piernas acusaban el esfuerzo, había perdido cerca de 20 kilos, las ampollas llenaban sus pies y, si todo seguía así, los dedos de sus manos se habrían congelado. "Estaba al borde del colapso", escribió Grann. Sin embargo, resistió como pudo. El viernes 22 de enero, el mismo día en que acabé los 100 kilómetros de la Antarctic Marathon, Worsley llamó para que lo rescataran. "La cumbre está fuera de mi alcance", dijo en su última comunicación grabada, "Me lameré las heridas, que curarán con el tiempo, y aceptaré la decepción". Su momentánea desilusión desapareció cuando le contaron que su expedición benéfica había recolectado más de 250 000 dólares para los soldados británicos heridos. "¡Es increíble! Eso sí que me hace sonreír", respondió. Y terminó así: "Aquí se despide Henry Worsley, quien ha llegado al final del viaje".

Al repasar su odisea, recordé aquel momento, cerca del kilómetro 63, cuando me desplomé en la nieve después de aplicarme el analgésico. El vacío. Las imágenes de la infancia. Ese pudo haber sido el final de mi viaje. Yo pude seguir. Worsley, un ídolo al que dedico con humildad este apartado y en quien no he dejado de pensar mientras escribía estas páginas, se nos fue. Qué engañosa y déspota que puede ser la Antártida (la que él amó tanto). Y, si me lo preguntas, no, creo que no volvería a correr allí. Quizás regrese y recorra de otra forma su espléndido paisaje, y haga una plegaria en el lugar donde fueron enterradas las cenizas de Henry, muy cerca de la tumba de su admirado Ernest Shackleton. Por mi parte, ya tuve mi buena dosis de maratones en el hielo.

El 23 de mayo de 2016, pocos meses después de mi carrera en la nieve, todos los ecuatorianos nos alegramos al saber que Carla Pérez coronaba el Everest sin oxígeno suplementario, acompañada, por supuesto, del Topo Mena. Fue la séptima mujer del mundo en conseguirlo, y la primera latinoamericana. Llevaba puesta la ropa que me prestó para soportar las extremas temperaturas de la Antártida.

5

Del centro de la Tierra al Sol

Bienvenido a Sudáfrica

Sábado, 19 de agosto de 2017. La furgoneta atraviesa veloz las calles de Johannesburgo, la joya industrial sudafricana, y se desvía al suroccidente, rumbo a la población de Carlentonville, que dejaremos atrás hasta llegar a nuestro destino final, la mina de Mponeng, el mayor yacimiento de oro en el mundo y el más hondo del planeta; su profundidad es de 3 891 metros. Esta es una mañana decisiva. Es el primer gran paso para cumplir mi sueño de correr una media maratón en el lugar más cercano al núcleo de la Tierra —que está ubicado aquí— y luego, pocos días después, regresar a mi país para terminar la aventura con otra media maratón en el lugar más cercano al Sol, en la cima del Chimborazo, el Coloso de los Andes.

Ya había corrido en la zona más caliente del mundo (el Sahara) y en la más fría (la Antártida). Esta vez lo haría con el sueño de crear una ruta única, una especie de cuerda planetaria que saliese de las profundidades de la Tierra y se elevara hasta llegar al cielo. En este nuevo viaje estaba creando una escalera de unión entre la oscuridad y la luz; un viaje poético, sin duda.

Al llegar al enorme conglomerado minero que había visto y estudiado durante meses en Google, me alegré y también temblé. El equipo médico de la compañía, encabezado por el doctor Pravesh Lakha, me esperaba para realizarme algunos chequeos físicos y una prueba de tolerancia al calor (PTC). Si la pasaba, el domingo 20 de agosto estaría corriendo dentro del túnel más profundo de este complejo aurífero, en el nivel 126, a 3 560 metros bajo tierra. Si no lo conseguía, debía regresar a Quito derrotado y echaría a perder el trabajo de muchísima gente. La película se iría al carajo; sí, estábamos grabando un largometraje documental sobre esta aventura. Y acabaría con la ilusión de mi pareja de aquel entonces, Carolina Bassignana, quien, cuando todo parecía inalcanzable, había logrado una respuesta positiva de la compañía minera AngloGold Ashanti. Y sería una enorme desilusión para mi fisiatra y entrañable amiga, Gisela Toledo; mi nutricionista, Alex Caamaño; mi nuevo socio y amigo, el canadiense Jeff Karram —cofundador de Levector, la productora del filme—, el equipo de rodaje, mi familia, y solo me quedaría una deuda económica del tamaño de Rusia.

Nunca había tenido tanta carga sobre mis hombros. En las anteriores ultramaratones estaba solo y ligero de responsabilidades. Aquí me jugaba todo por un colectivo. A pesar del miedo y del agotamiento acumulado en los últimos meses, me sentía fuerte y confiado. Habíamos simulado este test en algunas saunas de Quito y Guayaquil, y lo había superado en tres ocasiones. "Vamos, Millán, siempre lo has hecho bien en los momentos decisivos", me repetía a mí mismo.

La prueba de tolerancia al calor era engañosa en su simpleza. Tenía que subir y bajar un escalón de unos 50 centímetros de altura siguiendo el ritmo marcado por un metrónomo. Subía un pie a la grada, después subía el otro; luego bajaba uno, después el otro, mientras de fondo sonaban los *beeps* y se encendían unas lucecitas rojas y verdes. Debía repetir este movimiento de manera fluida durante media hora, en un cuarto húmedo a más de 40 grados Celsius y al final, cuando midieran mi temperatura corporal, no podía superar los 37 grados.

Realicé la prueba en *shorts* y sin camiseta. Me costó un poco encontrar el ritmo. Y durante algunos minutos estuve muy ansioso. Me parecía más fácil detener una convulsión epiléptica que conservar mi temperatura corporal. Qué locura. Hice un esfuerzo máximo por enfocarme. Al terminar, el sudor resbalaba por mi piel, mi cuerpo hervía. Me pusieron el termómetro en la boca, apreté los dientes. Cerré los ojos y esperé el veredicto libre de culpa. Pasara lo que pasara, había dado lo mejor de mí.

El controlador de la prueba, Caine Zizamele Mdubane, sacó el medidor de mi boca, lo vio durante algunos segundos que me parecieron siete siglos, giró el termómetro y dejó escapar una sonrisa, "muy bien, muy bien", dijo; pude observar el número del triunfo: 36.5 grados Celsius. ¡El plan seguía en pie! Estábamos cerca de superar un nuevo imposible (al menos en su primera parte) y de conseguir el premio máximo: si al día siguiente terminaba la media maratón en el vientre de la mina, ¡habría ganado un Guinness World Record! De hecho, la representante de esa organización ya estaba en Sudáfrica siguiendo mi epopeya. Definitivamente, no había vuelta atrás.

El nuevo "temblor"

A mi regreso de la Antártida viví muy gratos momentos: en los diarios y en las revistas escribieron varios artículos sobre mi logro, Millán Ludeña era un nombre muy fácil de encontrar en Google, mi recuperación física fue rápida —al cabo de un mes estaba listo para trotar en la Luna o en Saturno— y el presidente Rafael Correa me dio un reconocimiento por haber finalizado la odisea en el hielo. El mayor premio de aquel día fue contar con la compañía de mis padres, Yeya cumplió su anhelo de recibir el apretón de manos del mandatario que tanto admiraba y que veía siempre en los noticieros. Fue un momento significativo. Una familia normal, de Ayacucho y la Octava, hablaba cara a cara con el máximo cargo de su nación. Éramos visibles. No solo nosotros. Todo el barrio era premiado en ese instante.

Después de aquella carga de adrenalina, al retornar a la monotonía de la vida pública, sentí de nuevo el vacío existencial. Necesitaba una motivación más poderosa. Quería que mis piernas temblasen otra vez. Así surgió mi deseo por intentar unir el lugar más profundo de la Tierra con el más cercano al Sol. Hubo dos hechos claves en ese proceso.

El primero, la confirmación por parte de la Tercera Misión Geodésica de que la cima del volcán nevado Chimborazo era el punto más elevado del planeta al encontrarse a 6 384 kilómetros de distancia del centro terrestre (dos más que el Everest, ubicado a 6 382 kilómetros del núcleo planetario). El anuncio se hizo a las 7:40 de la mañana del 5 de febrero de 2016, y me desconcertó. ¿Por qué si el Everest tiene una mayor altitud sobre el nivel del mar (8 848 metros) que la del Chimborazo (6 263 metros), este último tiene el pico más cercano al Sol y más alejado del corazón terrestre?, me preguntaba. Los científicos ecuatorianos y franceses que componían esta expedición lo explicaban de una manera simple: la diferencia se debe a la posición geográfica, el diámetro del planeta es mayor en su centro y decrece a medida que nos alejamos de él. Perfecto, el Coloso de los Andes, un símbolo de mi país, era el más próximo al astro rey.

Me emocioné, ¿por qué no intentaba correr por su empinada ladera hasta llegar al sol? Sentí una descarga estimulante que, con el paso de los días, perdió intensidad. Coronar el Chimborazo podía ser una experiencia difícil, sí —y no imaginaba cuánto—, solo que, teniendo en cuenta lo que había logrado en mis dos aventuras anteriores, aún no sentía el temblor en mis piernas. Faltaba algo más. No sabía qué.

El segundo hecho está guardado en la memoria colectiva de todos los habitantes del planeta, se trata del milagroso rescate de los 33 mineros chilenos, quienes, tras un derrumbe en el yacimiento de San José, al norte de su país, estuvieron ahí atrapados durante 70 días, entre el 5 de agosto y el 14 de octubre de 2010. Los trabajadores cumplían su labor a 700 metros debajo de la superficie. Una tarde, viendo en la televisión un programa dedicado a estos héroes, salté de la cama al escuchar que uno de los reporteros decía: "Los sacaron del lugar más profundo de la Tierra". ¿Cómo? ¿Es ese en realidad el punto terrestre con mayor hondura? Mi mente despertó. Mi cabeza era una olla a presión. La frase me había dado la clave para empezar el nuevo desafío. Soñaba entonces con una expedición en dos etapas, una carrera que uniera el punto más profundo de la Tierra con el más cercano al Sol. Y, como no existía, debía inventarla yo. Eso sí que parecía imposible. Mis piernas temblaron.

Al comenzar mis investigaciones, descubrí que el lugar más alejado de la superficie del planeta era el Challenger Deep (o abismo Challenger). Jamás podría correr, o caminar, o respirar ahí, porque está ubicado en el océano Pacífico, en la extensa fosa de las Marianas, a casi 11 000 metros por debajo del nivel del mar. Seguí con mi búsqueda y descubrí, en tierra firme, las dos cuevas más profundas del globo, Krúbera Voronya, 2 197 metros; y Verióvkina, 2 212 metros ("la cueva de la muerte", según el diario *The Sun*). Ambas están ubicadas en el macizo de Arábika, en Abjasia, un territorio autodeclarado independiente y que, sin embargo, para la comunidad internacional pertenece a Georgia, un país limítrofe entre Europa y Asia. En resumen, dos cavidades de muy difícil acceso, muy lejanas, con una humedad interior del 100 %, por las que solo pueden descender los espeleólogos —científicos especializados en estas simas— y en las que no hay posibilidad alguna llevar a cabo una carrera. Ese detalle marcaba la diferencia, buscaba un lugar muy profundo donde fuera posible correr. Después de muchas revisiones entendí que ese lugar era la mina de Mponeng, en Sudáfrica, que contaba con un túnel sumergido a más de tres kilómetros y medio de la superficie terrestre.

De la mano de Carolina comenzamos los acercamientos con los encargados del complejo aurífero. Les escribimos varios correos electrónicos explicándoles cuál era nuestra pretensión y poniéndolos al tanto de mi historial como ultramaratonista. Algunos *e-mails* fueron ignorados, y los que tuvieron contestación nos dejaban muy claro que era una petición "imposible" porque Mponeng es una mina de oro, un lugar de trabajo y no una pista de carreras. Por lo tanto, no interrumpirían las jornadas laborales para que un ecuatoriano idealista cumpliera su capricho atlético. De hecho, los voceros de AngloGold Ashanti —la multinacional dueña del conglomerado— nos sugerían llevar a cabo nuestra aventura en alguna otra explotación de su propiedad que estuviera ubicada en Sudamérica. Nosotros volvíamos a explicarles que ninguna de ellas era tan profunda como Mponeng. Era un diálogo de sordos. Mientras continuábamos con el tedioso proceso de enviar, esperar, recibir y replicar, mi aventura se transformaba.

Al principio pensé que sería suficiente con correr cinco kilómetros en la mina y después otros cinco hasta llegar a la cima del Chimborazo; grabaría mi aventura yo solo, con una GoPro. Luego entendí que esas distancias no les sonarían nada sexis a los posibles auspiciantes y decidí que debía correr una maratón dividida en dos bloques, 21 kilómetros iniciales en Sudáfrica y 21 kilómetros finales en Ecuador. Una maratón para unir los dos puntos más extremos de la Tierra. En ese momento, y después de escuchar los consejos de varios amigos, comprendí que una locura de tal magnitud debía ser filmada de manera profesional y, quizás, podría convertirse en una película (otro reto por resolver). El problema es que aún la compañía minera no nos daba su aprobación. Estábamos en la etapa del no, no y no.

La presión y la verdad

Una de las negativas que más me dolió fue la de una empresa grande que en principio nos había dado su patrocinio y luego nos citó a una reunión para retirarlo. El organizador del encuentro explicó que, después de hablar con varios especialistas, la conclusión era que mi desafío no tendría un final feliz. Según ellos, no podría correr a más de tres kilómetros bajo tierra para después tomar un avión de regreso a casa y comenzar la ascensión al Chimborazo. "Es imposible, Millán —susurró—. Tu cuerpo no lo resistirá, te vas a morir. Es física básica, ¡no resistirás la diferencia de presión!". Ese *no* me hirió. Me descompuso porque ni siquiera había pensado en esa posibilidad. ¿Sería cierto? ¿Moriría en el intento?

Terco, como soy, conseguí una cita en la Universidad de San Francisco de Quito para hablar con el profesor Darío Niebieskikwiat, doctor en Física y director del programa de maestría en esta materia, un hombre brillante y muy generoso que escuchó mi gran duda con toda la atención posible. "¿Cuál es el tiempo máximo que tengo para, después de correr a más de 3500 metros debajo de la tierra, poder tomar un avión o varios aviones, volver a Ecuador y seguir vivo?". Él estaba fascinado con mi interrogante. No me daría su respuesta ese mismo día, quería consultarlo con sus colegas de departamento y sus pares de otras universidades. Debía tomarse su tiempo porque había muchas variables por resolver y, como si fuera poco, una vida en juego.

Días después recibí su conclusión, tenía un plazo cercano a las nueve horas y 20 minutos para salir de la mina y tomar el primer avión. Me sentí revitalizado al escuchar el veredicto. Y ni siquiera pensé en llamar al director de la compañía que me había retirado su patrocinio para contárselo, solo agradecí el haber sumado una certeza más al proyecto. Sin aquel rechazo, jamás habría tenido en cuenta un tema tan decisivo como el de la diferencia de presiones. Me hice responsable de aquel *no* y lo usé para buscar otro norte.

Mientras tanto, el intercambio de correos electrónicos con la compañía extractora continuaba igual. Estaba muy lejos de aquel avión hacia Sudáfrica. Hasta que encontramos un dato que cambiaría la historia del viaje: la mina de Mponeng tenía un récord Guinness por ser la más profunda de la Tierra. ¿A sus directores no les interesaría tener otro? Nos preguntábamos Carolina y yo. ¿Qué tal si nos postulábamos al Guinness World Record por correr una media maratón en el lugar más cercano al núcleo terrestre? Nadie lo había hecho antes. Mponeng estaría ligada con otra marca mundial, saldría en las noticias en todo el planeta y, además, sería protagonista en el largometraje que pensábamos filmar. Aunque, ya embarcados en sueños, ¿por qué no pensar en otro Guinness, un segundo, como el corredor que además lograba, en tan solo un par de días, unir el punto más hondo del globo con el más cercano al Sol? Era posible. Este reto, definitivamente, sonaba muy sexy.

Semanas más tarde, después de un par de coincidencias y de que el mensaje de competir por un récord mundial llegase a uno de los más altos cargos de AngloGold Ashanti, recibimos el esperado "sí". El primer sí grande (un sí que no habría llegado sin la feroz persistencia de Caro). Tras la aprobación de la empresa, mi cabeza solo pensaba en rodar ese documental. No era un sueño, solo debíamos encontrar al equipo que quisiera llevarlo a cabo. Sabía muy poco del mundo audiovisual, sin embargo, contaba con el interés del ministro de Turismo de aquel entonces. Al entender que esta película exaltaba las capacidades de la gente de nuestro país y nuestras riquezas geográficas y naturales (el Chimborazo), me prometió su apoyo. Así las cosas, disparé hacia el cielo. Comencé a reunirme con las productoras más grandes de Ecuador. Entraba a las reuniones con ilusión, las terminaba como un globo desinflado. La historia les interesaba, sin embargo, preferían hacerse a un lado porque el riesgo económico era demasiado elevado y el protagonista no era Tom Cruise o Antonio Banderas.

A pesar de todo, seguí la búsqueda y así llegué al director ejecutivo y uno de los fundadores de la casa productora Levector, el canadiense Jeff Karram, en aquel entonces un desconocido, ahora uno de mis socios y mis hermanos de la vida. Nos vimos por Zoom, a él se le iluminó la mirada al escuchar mi propuesta. Fue muy honesto, aceptó que era un reto muy grande, me explicó que nunca había rodado en una mina y menos en una de Sudáfrica y, quizás por eso mismo, quiso hacerlo —atando cabos, uno de los eslóganes de su compañía es "cuando los límites son el punto de partida"—.

Jeff me mandó la cotización más alta de todas. Yo estaba tranquilo porque tenía un salvavidas en la cartera de Turismo. Bueno, eso creía. Al contarle mis avances al ministro recibí sus felicitaciones, la palmadita en la espalda y una última comunicación sorpresiva: "Seguro que lo conseguirás, te deseo la mejor de las suertes. Lamentablemente ya no puedo ayudarte porque hoy es mi último día en el cargo". ¡Chuta! Otra inesperada calamidad. ¿Quién podría pagar entonces la película? Yo no, ni empeñando de por vida mi sueldo como servidor público lograría saldar esa deuda.

Llamé a Jeff para decirle que no podríamos hacer el documental. Le conté lo sucedido. "Nos quedamos sin la plata, loco". Yo esperaba una frase cortés y un hasta nunca; sucedió todo lo contrario, él me animó a seguir. Me dijo que no estaba dispuesto a abandonar el filme solo por un tema de dinero. Me preguntó una y mil veces sobre mi compromiso con esta aventura y con el rodaje: "¿Estás dispuesto a llegar hasta el final?". Sí, le respondí. Incluso le conté que todos mis ahorros estaban a disposición de la producción. "Serán meses difíciles, duros, desgastantes, ¿vas a soportar toda esta presión?". Sí, claro que sí. Era capaz de soportar la presión física —como lo habían confirmado el profesor Niebieskikwiat y sus colegas— y la psicológica —después de Sables y la Antártida, tenía la resistencia de Rocky—. El equipo de Levector hizo un préstamo de muchos dígitos, que comprometía su empresa, para asegurar la peli. Ya contaba con dos síes, el de la mina y el de la productora. Me faltaban unos cuantos, solo que ya sentía dentro de mí la certeza de que nada podría detener este proyecto.

Tenía demasiados frentes abiertos. Seguía con mi trabajo estatal, buscaba patrocinadores, resolvía las nuevas dudas que se presentaban, intentaba ser un coproductor activo, contaba cada peso que me entraba, respondía *e-mails,* conseguía nuevas reuniones y dejé de lado una de mis principales obligaciones, el trabajo físico. Mi entrenamiento era mediocre (como el de Rocky Balboa en la primera parte de *Rocky III*). De hecho, tenía algunos kilos de más. ¡No podía con todo! Los "imposibles" anteriores me exigían un aporte económico, un viaje y terminar las carreras. Carreras que ya existían y que contaban con una organización propia. En mi odisea del núcleo de la Tierra al Sol yo estaba inventando la idea, la ruta, la peli, la maratón; yo era el competidor, el organizador, el protagonista de la cinta y la coproducía. ¿A qué horas iba a entrenar de manera apropiada? ¡Dormía remal y mi cuerpo acumulaba cansancio!

El actor Ludeña

En medio de esa rutina agitada, de permanente vigilia, sin sueño REM O NO REM, sin siestas, con tareas interminables, encontramos un nombre para la película, se llamaría

From Core to Sun (que podría traducirse como *Del centro de la Tierra al Sol*), la titulamos en inglés porque eso facilitaría su distribución internacional. Jeff no tardó mucho en hallar el equipo ideal para rodar este filme imposible. Lo dirigiría el realizador uruguayo Oliver Lee Garland —este sería su primer largometraje de no ficción—; el guion estaría a cargo de Carolina Sosa, cineasta de la New York Academy; de la dirección de fotografía se ocuparía Simón Brauer; los productores ejecutivos serían Jeff Karram y Shanna Robalino; la música original la compondría Simon Welsh, aunque la canción insignia de la historia sería "Thunder", de la banda estadounidense Imagine Dragons (la misma que ha tenido éxitos mundiales como "Radioactive" o "It's Time").

Su actor principal era un guayaquileño de tez morena, 1.61 metros de estatura, lengua enredada que, cada vez que se quitaba la camiseta y se veía la panza en el espejo del baño, no encontraba las abdominales de Stallone y sí el exceso de grasa provocado por la falta de ejercicio. "¡Eres un protagonista de película! —pensaba—. ¡Y justo estás gordo! ¡Y es en este momento donde más atlético deberías lucir! ¿Qué dirán los espectadores?". Cuando compartí mis inseguridades con Oliver, el director, se echó a reír. Me explicó que mi leve sobrepeso estaba genial porque esta no era una película sobre Michael Phelps o Lance Armstrong; era sobre un tipo normal, un hombre ordinario que logra cosas extraordinarias. Y el tipo no es Brad Pitt, ni tiene una mansión ni un Ferrari. "Millán, es por eso que todos nosotros estamos rodando esta historia; es eso lo que la hace única", dijo Oliver. Sus palabras me calmaron y me conmovieron. Aunque la calma duró poco porque comenzó a ponerme al tanto sobre lo que se avecinaba.

Oliver: Durante el rodaje vas a pasar por muchas fases emocionales. En la primera vas a estar muy a gusto porque todo te resultará novedoso. Habrá una corte, un equipo de producción y de grabación que estará siempre pendiente de ti. Te sentirás el centro del mundo.

Millán: ¡Geniaaaal!

Oliver: Ni tanto. Con el paso de los días entrarás en la segunda fase. Comenzarás a perder la naturalidad, a pensar demasiado las palabras que dices para parecer más inteligente, a cuidar cómo te ves en cámara, vas a dejar de ser el Millán real para comenzar a actuar como el Millán que tú sueñas.

Millán: No creo que eso pase, Oliver.

Oliver: ¡Va a pasar! Y, por último, llegará el desgaste, estarás harto de tener una cámara que te sigue todo el día a todas partes, del micrófono que registra todas tus conversaciones, hasta las más íntimas, y nos vas a pedir, cansado y molesto, que dejemos de grabar.

Millán: Bueno, ya veremos.

Después de meses de insistencia, los directivos de la mina nos confirmaron la fecha en la que podría correr en su túnel más profundo, sería el domingo 20 de agosto de 2017. Ese era el único día disponible, el único día en que detendrían su producción. Era un tómalo o déjalo. Nosotros aceptamos, aunque en aquel momento solo contábamos con dos auspiciantes, la compañía de agua mineral Güitig y el Banco del Pacífico, y solo habíamos reunido cerca del 10 % del presupuesto para la filmación. No nos importó, estábamos en el punto del no retorno.

Comenzamos a rodar en diversas locaciones de Ecuador. Estaba muy emocionado. Mi vida llegaría a las pantallas de cine. Y todo lo que Oliver me explicó aquella tarde, sucedió (la ilusión, la pérdida de inocencia, el desgaste, "deja de grabar, loco"). Era difícil guardar la calma con tantas responsabilidades en mi mente y en mis bolsillos. Filmábamos contra el tiempo. Fueron unas semanas locas, de vivir en una furgoneta, de tener a mi lado aquellos personajes de producción que yo ni sabía que existían, esos que en cuanto cae una gota de agua del cielo sacan un paraguas para que no te mojes. Y la lógica era clara, que todos se mojen o que todos se cansen, menos el protagonista de la película.

Un protagonista que cada día salía a escena sin conocer el guion. Cuando pedía verlo, Oliver sonreía y se negaba: "Confía en nosotros, si lees las escenas que tenemos planeadas vas a querer actuar, y tú no eres actor y perderías esa naturalidad que estamos buscando". Yo me resignaba. Ellos eran los que sabían.

Era una rutina fatigante. Era un "actor" que estaba muy lejos de Hollywood, que cada mañana debía ir a trabajar a su oficina, para luego afrontar un rodaje sin libreto. Un actor que justo en esos días debía estar ejercitándose de manera ardua y detallada, comiendo muy bien, durmiendo perfecto y no podía hacerlo. Había muchas escenas por filmar. De hecho, cuando emprendimos el viaje a África yo aún no había logrado llegar a la cima del Chimborazo, que era la segunda parte del reto. En mis entrenamientos previos siempre me quedé a varios metros de ella. ¿Cómo estaba tan seguro de que la coronaría en el intento decisivo y justo después del cansancio infame que me dejaría la media maratón en el núcleo? Me tenía fe, sin duda. Hoy, cada vez que reviso el documental, me veo fuera de forma, veo a un hombre cansado, uno que se acomodó a la realidad que vivía en ese momento. Uno que, desde su maravillosa ingenuidad, nunca dejó de creer en que podría lograr su objetivo. ¡Qué loco, Millán!

Nuestro primer itinerario, cuando estábamos en la etapa de preproducción, contemplaba que viajaríamos a Brasil y de ahí a tierras sudafricanas, esa era la ruta más corta y la más barata. El plan se fue al demonio porque, con el paso de los meses, esa conexión aérea dejó de existir. Tomamos entonces el camino más largo, salimos de Ecuador rumbo al aeropuerto El Dorado de Bogotá, Colombia. De ahí nos embarcamos hacia Washington, D. C., Estados Unidos, donde hicimos una parada estratégica y nos dedicamos al "entrenamiento turístico". Caro y yo salimos a trotar por muchos de los puntos icónicos de la ciudad, necesitábamos relajarnos. Y al día siguiente, después de un breve retraso de una hora y media, abordamos la nave que nos llevaría al aeropuerto Oliver Reginald Tambo de Johannesburgo, donde aterrizamos en la noche del 18 de agosto. Al cabo de algunas horas de mal sueño estábamos, junto con el equipo de rodaje, atravesando la ciudad en aquella furgoneta que nos llevaba a la mina para afrontar la prueba de tolerancia al calor (el final de ese reto ya lo conoces).

El Gandalf de Mponeng

No tengo muchos recuerdos de Johannesburgo, ni de sus más de cinco millones de habitantes de aquella época. Para mí era una ciudad de paso, un lugar de alojamiento obligado. Solo pensaba en esa mina con la que había soñado durante tantos meses. Aunque no estaba en el mejor nivel atlético, como sí lo estuve en la Antártida, tenía la fuerza y la motivación suficientes para correr 10 000 kilómetros dentro de ella. No iba a fallar después de tanto esfuerzo. Recordé con una sonrisa, y algo de temor, la advertencia que me hizo una de mis sobrinas antes de emprender esta expedición: "Tío, no te mueras", y, de nuevo, me sentí un personaje de Julio Verne, esta vez era como el joven Axel de *Viaje al centro de la Tierra*.

El domingo 20 de agosto de 2017 llegamos al centro de control de Mponeng a las cinco de la mañana. Allí nos esperaba Hannah Ortman, la adjudicadora del Guinnes World Records, una joven rubia, muy cordial, quien estaría revisando cada detalle para avalar o desestimar mi marca. Ella no bajaría hasta el lugar de los hechos, vería mi recorrido desde un salón de monitoreo, a través del sistema de cámaras que había implementado la mina. Todo el equipo estaba inquieto. Y nuestros nervios se incrementaron cuando el ingeniero Jaco Gouws, encargado de darnos las instrucciones antes del descenso, nos reiteró, con su mirada seria, que "esto no es un parque de diversiones". Fuimos al cuarto de servicio, nos pusimos los rústicos overoles blancos con el letrero de "visitor" en la espalda, las botas, las rodilleras, los lentes de protección y los obligatorios cascos de color amarillo con su linterna integrada —"si no quieres ponerte el casco, lo lamento, no bajas", había dicho Gouws—.

Caro decidió quedarse en la superficie, con Hannah. Los demás, Jeff, Oliver, Gisela, el equipo de producción sudafricano, el paramédico, Sean; nuestro guía, Mike, y yo —éramos ocho en total—, tomamos el primer ascensor hacia el núcleo terrestre. Bajábamos a menos de 20 kilómetros por hora. Esta robusta obra de ingeniería tiene el récord Guinness por ser el elevador minero con mayor altura en el mundo. Cuando miraba a Mike, no dejaba de pensar, en broma: "¡Qué increíble trabajo hizo el equipo de *casting*!". No le pregunté su edad, le calculé sesenta y tantos años. Una larga y cinematográfica barba blanca se desprendía de su pálido rostro y tenerlo con nosotros era como una especie de premio porque él se había jubilado semanas atrás. Era el minero con más experiencia en Mponeng. Era nuestro Gandalf. Intuía que detrás de ese trato cortés y su mirada amable había muchas historias, mucha sabiduría. Todos debíamos marchar detrás de Mike y obedecer sus órdenes. Si Mike caminaba, nosotros caminábamos. Si Mike se detenía, nosotros nos deteníamos.

La primera parada fue en el denominado nivel 83, a 2020 metros bajo tierra. Ahí atravesamos varios pasadizos húmedos e iluminados y tomamos otra "jaula" (así les dicen a estos ascensores) que nos llevó al nivel 120, a una hondura de 3369 metros. En ese punto nos acomodamos, de uno en uno, en unas aerosillas que se deslizaban a través de un largo cable cercano al "techo" del túnel, y estas nos dejaron en el nivel 126, a 3560 metros. Una ubicación cinco veces más profunda que el lugar donde se quedaron atrapados los mineros chilenos en agosto de 2010. Tres kilómetros y medio bajo la tierra. Aquí estamos, siento el calor del núcleo. ¡Es hora de imponer un récord mundial!

Me quité el overol blanco, las botas, las rodilleras y me alisté para competir en *shorts*, tenis y una camiseta amarilla sin mangas. Dejé de lado el casco de dotación de Mponeng y me puse el mío, que llevaba amarrada una linterna para iluminar la penumbra imperante en esta zona de la mina. De mi cuello colgaba mi amuleto favorito de la suerte, un cordón rojo con las pequeñas fotos plastificadas de mis sobrinas. Unos lentes de protección cuidaban mis ojos. Y, al partir, envuelta en mi puño izquierdo, llevaba la bandera de mi país. El entorno era muy extraño, aquí no sonaban canciones de AC/DC ni había otros atletas nerviosos que te desearan suerte. Al fondo estaba estacionada una ambulancia con paramédicos, por si me desmayaba o me daba un ataque claustrofóbico. A lado y lado del túnel se veían señales de peligro. Mi atuendo y mi intención, en medio de todo esto, parecían fuera de lugar.

Aunque hacía mucho calor, era tolerable. El yacimiento de oro más grande del mundo también posee la mayor fábrica de hielo del planeta, que sirve para bombear aire frío hacia el fondo de sus cavidades. La humedad era del 79 % y la presión de 123.5 bar. Me desplazaría dentro de un túnel con una longitud de un kilómetro, así que tendría que hacer 11 circuitos, 11 recorridos de ida y vuelta, para completar la media maratón. En el punto de partida y de llegada contaba con una estación de hidratación.

El fracaso no existe

Cuando me dieron la señal de partida, noté que el aire era muy denso, pesado. Pocos metros después empecé a sentir ardor en los ojos, a pesar de tener lentes de protección. Buena parte del camino lo corrí en medio de los rieles que atravesaban el túnel. A veces, simplemente, trotaba a un costado del riel. Había sectores húmedos, con charcos, desniveles, cadenas tiradas en el piso, piedras. Debía cuidar cada paso para evitar una lesión, una caída; no era una tarea fácil porque trotaba en penumbras. Sobre mi cabeza había ductos de ventilación y tuberías, a cada lado podía apreciar la estructura compacta, milenaria y rocosa de Mponeng.

Corrí los primeros kilómetros muy por debajo de los cinco minutos, a un promedio de 4:15, una velocidad innecesaria. Creo que lo hice para centrarme en el esfuerzo físico y olvidarme del calor. Una estrategia que no dio resultado. Pronto sentí la fatiga y tuve que bajar el ritmo. Las condiciones del terreno y la poca iluminación complicaban el trabajo del equipo de rodaje, que no pudo captar uno de los peores momentos de mi recorrido: no iba aún en la mitad de la prueba, pisé mal, me torcí el tobillo derecho y sentí un dolor intenso. No me detuve. No era tan terrible como para suspender la carrera, sin embargo, fue una molestia que lastraba mi ritmo. Cada pisada dolía. Mientras corría en Sudáfrica pensaba en Ecuador, en cuál podía ser la gravedad de la lesión. La adrenalina, el movimiento y mi testarudez no me permitirían apreciar la magnitud del daño hasta que mis músculos se enfriaran. Eso me preocupaba, ¿la posible hinchazón impediría mi ascensión al Chimborazo? ¿Mi sueño se quedaría a medias? ¿Era esto un fracaso?

No. Primero, estaba *suponiendo* que mi lesión era grave, no había certezas al respecto. Estaba creando una profecía autorrealizable de las malas y me olvidé de la realidad del presente. Segundo, así me hubiera lesionado, el estar corriendo en este túnel oscuro, tres kilómetros y medio debajo de la superficie de la tierra, era toda una hazaña para celebrar, ¿quién más lo había intentado? Nadie. Ningún humano, ningún marciano, lo había hecho antes que yo. En el camino recobré mi enfoque y mis ganas. Me cambié la camiseta amarilla sudada que pesaba y me ahogaba, me puse una nueva, negra, fresca, seca, y avanzaba con más fe. Aunque aún me faltaba un sobresalto. En uno de los momentos más relajados del recorrido, de repente me enfrenté con un "monstruo" negro, gordo, de ojos saltones y cola larga y gruesa. No olvido, de verdad, esos ojos redondos, blancos, salidos de sus órbitas. Lo esquivé, o nos esquivamos, y continué la marcha, inquieto. Miré hacia atrás y confirmé que no me seguía. Si bien en la Patagonia mi mente cansada había creado lobos cafés donde solo había troncos de árboles, en esta ocasión la bestia peluda sí existía. Era una rata gorda, sudafricana, que quizás quería darle una buena mordida a mi carne ecuatoriana. Aun en estas profundidades, las ratas se las arreglan para sobrevivir.

Con todo lo que estaba viviendo: el estrés por el calor, el agotamiento, la torcedura del tobillo, la deshidratación, la responsabilidad de acabar el reto, de no defraudar a mi país —el asunto del Guinness para ese entonces era una causa nacional—, la aparición de la rata asesina me persiguió durante toda la carrera y corrí en estado de alerta.

Cuando comencé el último circuito alisté la bandera de Ecuador, me sentía muy vital y fuerte, y muy cerca de la meta sentí el gritó de Oliver: "¡Espera, Millán! No cruces todavía". ¿Ah? ¿Qué? No entendía. "Mira, mejor devuélvete unos cuantos metros para así estar totalmente seguros de que sí corriste 21 kilómetros o más, ¿vale?". El director, como le correspondía, quería estar totalmente seguro de que el final fuera feliz, sin desagradables sorpresas posteriores. Regresé como 500 metros, revisando en el piso que el roedor no estuviera por ahí. Luego sí crucé. Feliz y cauto, después de 2 horas 31 minutos y 17 segundos, pensando en mi tobillo.

No sé cuántos abrazos recibí. El primero fue el de Gisela, quien me dijo: "Loco, ¡una vez más!". Y mientras nos abrazábamos pensaba en aquel momento en que la conocí, faltaba tan solo una semana para viajar a la Marathon de

Sables, y me dio muchas instrucciones y me enseñó cómo debía vendarme para resistir el peso de mi mochila. Después planeamos la Antártida. Ella fue, además, la primera persona en conocer mis planes para unir el punto más profundo de la Tierra con el más cercano al Sol. Allí estábamos, en esa mina, celebrando otra locura. Gisela, mi gran consejera, mi "centro" de recuperación y rehabilitación corporal. Mi amiga del alma. Lo hicimos otra vez.

Aquí no había medallas, ni podios, ni tina de agua tibia, era hora de ponerse de nuevo el overol blanco, el casco de dotación, los lentes, las botas, las rodilleras, en fin. Y regresar a la superficie. Me quedé dormido en buena parte del trayecto de subida, estaba agotado. Sentí un nerviosismo feliz cuando los tenues rayos del sol comenzaron a colarse por la reja del ascensor, era la señal de que estábamos muy cerca del mundo conocido, el de allá arriba. Al salir del elevador, la luz solar golpeaba mi rostro, y solo pude adivinar unas siluetas que nos esperaban con aplausos de felicitación. No sabía quiénes eran. Había algunos rostros conocidos, gente con cascos amarillos y blancos. Me recibieron la embajadora de Ecuador en Sudáfrica, María Soledad Córdova, y un grupo de compatriotas que había ido a apoyarme. Ahí también estaba el personal de la mina, el ingeniero Gouws —quien tenía toda la razón, esto no era un parque de diversiones— y, claro, la persona que más quería ver en ese momento, Caro. Recuerdo mucho aquel instante en que agité en el aire la bandera de mi país y grité: "¡Sí se pudo!".

Después de una hora y media de repasar la carrera en video, de revisar cada toma, Hannah Ortman, la adjudicadora de Guinness World Records, me dio la buena noticia: "Millán Ludeña, eres oficialmente asombroso", y me entregó el certificado de mi título como la persona que ha corrido una media maratón en el punto más profundo del planeta, a 3 560 metros de profundidad. Recibí el galardón y nos marchamos de prisa, con todo el equipo, hacia el aeropuerto. Sí, muy bonito un Guinness, solo que aún nos faltaba el Chimborazo.

¡Levanta los brazos!

Dormí todo el trayecto hasta el O.R. Tambo. Me bajé del auto con pocas fuerzas. Hicimos la fila eterna en el *counter* y poco antes de abordar nuestro vuelo con rumbo a Nueva York —la primera escala de nuestro regreso—, la organización del Guinness nos informó que no podríamos competir por el segundo récord que habíamos propuesto: llegar, en el menor tiempo posible, al punto más elevado del centro terrestre (21 kilómetros de ascenso). Nos brindaron otras opciones que, simplemente, eran inviables o muy poco interesantes. Después de un activo intercambio de mensajes y opciones con ellos, desistimos. Qué coincidencia inoportuna, pocas horas después de triunfar en la mina, se nos cortaba la ilusión de sumar una marca mundial más. ¿Era un fracaso? No, era otro punto y seguido. Otro intento. Un superintento.

Subiría a la cima del Coloso de los Andes porque así lo había soñado. No necesitaba un certificado para hacerlo. Había emprendido esta aventura porque me daba la gana, me salía del corazón, y porque me había convertido, de manera simbólica, en el punto de unión de dos continentes, en la cuerda planetaria entre el núcleo y el punto más cercano al rey sol. Ese imposible valía más que cualquier Guinness.

En la terminal uno del JFK abordamos el avión de regreso a Quito. Durante el viaje, Gisela presionaba sobre mis muslos y las pantorrillas su rodillo de fisioterapia. Yo solo quería dormir y dormir. Y entonces el tripulante de cabina tomó el micrófono y les contó a todos los pasajeros que en esa nave se encontraba el ecuatoriano que había conseguido el récord mundial por haber corrido 21 kilómetros en el rincón más cercano al corazón de la Tierra. Todo el avión explotó en aplausos. En ese momento comprendí lo que había logrado. Sin embargo, mi cabeza solo pensaba en todo lo que faltaba: poco después de aterrizar tendríamos que dar una rueda de prensa para confirmar lo conseguido e informar que seguíamos con la segunda parte de esta conquista. Aunque, la verdad, yo solo quería quedarme debajo de las cobijas en mi departamento.

El martes 22 de agosto continuó la travesía. Esa mañana, mirando la ciudad desde mi ventana, me preguntaba en qué demonios me había metido. Aunque tuve la mejor entrenadora de montaña, mi amiga Carla Pérez —la primera mujer de América en conquistar las cimas del Everest (2016) y el K2 (2019) sin oxígeno suplementario—, en mis intentos previos no conseguí la meta, me quedé a un centenar de metros de distancia. Y ahora, con este cansancio extremo, pretendía coronar su cima. Me dolía un poco el pecho, respiraba con dificultad y no dejaba de toser. Temblaba. Mi cuerpo daba las señales típicas del agotamiento crónico. A pesar de todo, mi única opción era continuar. Había una película que terminar. Y no teníamos un equipo de extras para reemplazar al protagonista. "¿Querías otro imposible, crack? Ahí lo tienes", pensaba con ironía.

Me subí a la furgoneta desanimado. La segunda parte de este desafío comenzaba en la carretera, donde debía correr ocho kilómetros hasta la entrada de la Reserva de Producción de Fauna Chimborazo, a 4200 metros de altura. Una vez ahí, tenía que recorrer otros ocho kilómetros en ascenso hasta llegar al refugio Carrel, a 4800 metros de altitud. En ese punto, después de tomar un descanso, iniciaríamos el ascenso final. Esperábamos llegar a la cima hacia la madrugada del día siguiente. Esas eran las etapas establecidas. No dejaba de pensar en ellas, en la paliza que me esperaba, mientras el auto, después de salir de Quito, se acercaba al lugar de partida.

Tenía muchos reproches en mi mente. Estaba en otra batalla interna. "¿Millán, te has dado cuenta de que el peor mes para intentar coronar el Chimborazo es agosto debido a la furia de los vientos y el frío?", decía mi máquina repetidora de contratiempos. "Maldita Misión Geodésica". El vehículo se detuvo. Entonces sentí una mano que me tocaba el hombro y oí una voz que me decía: "Millán, tienes visita". No entendía el mensaje. Me bajé de la furgoneta y ahí los vi, eran mis queridos Josefina y Juan José, los padres de Juan José, mi amigo de Zamorano, quien había muerto hace algún tiempo y en quien pensé mucho durante los entrenamientos previos a esa carrera. Verlos me llenó de energía y felicidad. Su madre me dio una camiseta blanca en la que se veía la silueta negra del rostro de su hijo. Yo la tomé entre mis manos y supe que esta última parte de la aventura no solo se trataba de unir el sitio más profundo de la Tierra con el más cercano al Sol, se trataba de llegar hasta allá arriba para poder estar más cerca de Juan José.

No podía retrasarlo más. Comencé los primeros ocho kilómetros con las esperanzas renovadas. Dos días atrás, en Sudáfrica, corría a 3560 kilómetros bajo la superficie, con una camiseta sin mangas, unos *shorts* y la sensación de avanzar en el infierno. Esta tarde, en mi país natal, el atuendo es otro: una chamarra gris rompeviento, *leggins* negros, una bandana en la cabeza, tenis La Sportiva, y corro en medio del frío. El cambio extremo de temperatura me cobraba el esfuerzo. A mi lado marchaban Alex Caamaño y dos miembros del grupo de Operaciones Especiales de la Policía de Ecuador. Eran mis escuderos anímicos. Yo sentía mi pólvora mojada, por eso troté una parte del trayecto y caminé otra.

Al arribar a la entrada de la reserva, estaba fundido. Las ráfagas de viento me golpeaban fuerte. Me puse una chamarra más gruesa, con capucha, y usé la bandana como una balaclava mientras avanzaba por el camino destapado, lleno de diminutas piedras. No aguantaba más y tuve la primera crisis. Me subí a la furgoneta. Me hidraté. Gisela frotaba sus manos de manera fuerte contra mi espalda para que entrara en calor, me daba ánimo, me alcanzó otro pantalón más resistente, otra chamarra protectora y un gorrito rojo tejido. Me costaba respirar. No quería salir, no quería enfrentarme otra vez a ese viento infame. Sin embargo, en un segundo de arrojo abrí la puerta deslizante de la furgo, dije: "Vamos, no le demos chance a esta güevada", y continué la ruta. Al llegar al refugio Carrel, a 4 800 metros de altura, después de caminar y trotar 16 kilómetros en ascenso, ya el cielo estaba oscuro; había caído la noche.

Me tumbé en una cama y entré en la peor crisis física y mental que he sufrido en una aventura extrema. Creí que todo estaba escrito. Que la película había llegado a su final y cada vez me parecía más absurda la idea de subir al Chimborazo. Me perdí en la penumbra de mi mente. Recordé que en medio del rodaje me había quedado sin empleo, me habían avisado que la oficina para la que trabajaba dejaría de existir, ¡era el fin de mi vida de funcionario público! ¿Y qué hacía para remediarlo? Estaba en un refugio de montaña, lejos de todo, creyéndome un explorador de National Geographic o un experto en escalada. Me dolía muchísimo el pecho. Tosía. Cada vez que respiraba sentía arena en mis fosas nasales. Chuta. Al fondo oía a Oliver discutir con alguien porque no quedaban baterías cargadas para continuar con la filmación. Yo intentaba calmar la tensión diciendo que tranquilos, que quien necesitaba una recarga de batería era yo. El equipo de producción me vio muy mal y se reunió para tomar una decisión. ¿Era mejor un final algo triste con un protagonista vivo o un final heroico con el protagonista muriendo al pie de la cima?

Fue el Topo Mena, esposo de Carla y uno de los grandes montañistas del planeta, quien sugirió que me dejaran dormir dos horas y revisáramos mi estado anímico y físico después de ese descanso. En otras pruebas de largo aliento, que involucraban remar, escalar, montar bicicleta y correr, había notado que hasta 20 minutos de sueño me funcionaban. La propuesta del Topo, quien estaba ahí para ser mi guía y mi faro en el ascenso al nevado, cambiaría el rumbo de esta aventura.

Me dieron una sopa de pollo, Caro me acercó el celular para que escuchara los mensajes de aliento que me habían grabado varias personas que amaba (como en la Antártida), y me dormí. Durante esas dos horas, y de eso me enteraría mucho después, se vivió una gran angustia en el refugio. Carolina se encargó de que quitaran todos los espejos del lugar. "No quiero que, cuando se levante, Millán vea lo demacrado que está", explicó. El personal de Operaciones Especiales estaba avisado y alerta para subirme a la ambulancia y llevarme de regreso en caso que no pudiera ponerme en pie. El equipo de rodaje, con sus decenas de operarios en locación, muchos de ellos expertos montañistas, aguardaban las órdenes de Oliver y Jeff. Así son los documentales, el final imaginado sucedía allá en lo alto, el final real podría filmarse en la sala de urgencias de un hospital donde el protagonista prometía que volvería a intentarlo y así dejar abierta la posibilidad de un *From Core to Sun II*.

Cuando desperté, aún cansado y enfermo, decidí seguir. Me puse la ropa de escalada y el Topo hizo una preciosa oración: "Dios, padre de la montaña, padre del universo, estamos aquí, venimos una vez más, desnudos, sin ego, sin máscaras, de la manera más sincera posible a entregarte nuestros sueños. Te pedimos que nos permitas volver a casa sanos y salvos [...] Y, si es que está dentro de tus planes, que nos dejes pisar la cumbre de esta montaña". Después de esas palabras emprendimos el ascenso. Caminamos unidos, atados por las cuerdas y el instinto, hundiendo los bastones en el piso, entre riscos y hielo, en la oscuridad, iluminados por las lamparitas fijadas en nuestros cascos. Cada hora nos deteníamos para comer e hidratarnos. En esas paradas me envolvían con otras chamarras y yo me sentía como una vaina, una semilla, cubierta por la estructura de un enorme guisante. Hacía muchísimo frío.

A las 5:15 de la mañana del miércoles 23 de agosto estábamos cerca del kilómetro 19, a 5 630 metros sobre el nivel del mar. En ese punto, el Topo nos avisó que llegaríamos a la cumbre dentro de seis horas. A mí me daba igual. Todo me daba igual. Escalamos la pared del glaciar pasito a pasito. Hicimos el siguiente descanso a los 5 900 metros, fue una buena señal, ¡nunca había llegado tan alto! Nos detuvimos, nuevamente, a los 6 198 metros, a muy poca distancia de la cima. Había amanecido. La luz de la mañana nos iluminaba el camino. La tos, que me había acompañado durante toda la ruta, empeoró y, sentía el mareo típico de quien supera los seismiles. El Topo me preguntó si estaba bien, no iba a avanzar un milímetro más si mi vida corría peligro. Yo asentí, o al menos eso creo, y continuamos la subida.

Emprendimos los últimos metros con lentitud y nerviosismo. Cuando llegamos a la cumbre, al igual que me había sucedido en la Marathon des Sables o en la Antártida, sentí una alegría contenida. Oliver, el director, me pedía que celebrara. "¡Levanta los brazos! ¡Muéstrame toda tu felicidad!". Él quería un plano final glorioso, yo no se lo pude dar. Estaba en pie de milagro. (Y, ahora que escribo esto, me acuerdo de que mi sueño era cerrar el filme con una toma aérea que evocara la escalada de Tom Cruise al inicio de *Misión imposible 2*. No imaginaba lo deteriorado que estaría al cumplir mi meta). En ese momento yo era como la débil llama de una velita que no se apagaba de pura terquedad. Le di un abrazo al Topo. Levanté los brazos lo mejor que pude para que Oliver tuviera su secuencia de cierre, pensé muchísimo en Juan José: "Aquí estoy más cerca de ti, amigo"; y la voz dentro de mí no paraba de repetir: "Vámonos a casa". Aunque había coronado el Chimborazo, mi cerebro no era capaz de procesarlo, no podía entender que había unido el lugar más cercano al núcleo de la Tierra, en África, con el punto más cercano al Sol, en América, en menos de 78 horas. Mi cabeza solo gritaba: "¡Vámonos!".

La película de mi vida

Me ha costado mucho recordar con claridad cómo fue nuestra conquista del Coloso de los Andes. De todas esas horas de recorrido solo guardo imágenes fugaces, 15 minutos de recuerdos, a lo sumo. Subí como un sonámbulo. Cuando vi la película por primera vez, descubrí lo sucedido aquella noche. Es increíble lo que logras con voluntad y decisión. De lo que sí me acuerdo es del descenso, que fue muy rápido. Días después el Topo me confesaría que bajó con nerviosismo porque yo iba muy de prisa. Nada pasó. Ni rodamos, ni nos caímos, no hubo contratiempos. De vuelta al refugio Carrel, noté con sorpresa que ahí estaban mis padres, muy felices y orgullosos. Nos abrazamos. Comimos juntos y luego volví a casa.

Por fin estaba solo, sin cámaras que me enfocaban, sin micrófonos invasivos, sin baterías que se agotaban, sin voces externas. Al acostarme sentí una molestia en el ojo izquierdo, tendría alguna suciedad en él, alguna partícula indeseable. Pensé que no sería nada. Me acosté rendido. En la mañana me despertó el dolor ocular y noté que no podía ver por ese ojo. Caro se quedó mirándome en silencio. Noté en su rostro un gesto de alarma. "¡Nos vamos ya para urgencias!", dijo. Una vez ahí, los médicos tuvieron que cortarme el párpado, me inyectaron algo en el ojo —el dolor fue infernal, hubiese preferido otra noche en la montaña— y me explicaron que, si quería seguir con vida, lo mejor era que me quedara en el hospital un par de días. Su diagnóstico fue el siguiente: mi sistema inmune estaba quebrado. "¿Has dormido últimamente?", preguntó el doctor de turno. "No, doctor", respondí. "¿Has descansado lo necesario?", continuó. "No, doctor", repliqué. "Has estado sometido a un gran estrés?". Le expliqué lo del núcleo y lo del sol y él solo dijo: "Tienes que dormir, recuperarte y olvidarte de las aventuras extremas por un buen tiempo".

El final de esta aventura en dos partes no solo fue publicado en los diarios de mi país y replicado en los noticieros locales; se convirtió en una noticia global. Era Millán, el tipo del Guinness. Tuve decenas de entrevistas e incontables invitaciones para dar charlas motivacionales sobre lo conseguido —ahí comencé a entrenarme y a mejorar como *speaker*—. Detrás de cámaras, cada semana que pasaba era un dolor de cabeza para la productora Levector y para mí porque, mientras el filme tomaba forma en la sala de montaje, los intereses de nuestra deuda crecían. *From Core to Sun* llegó a las pantallas ecuatorianas ocho meses después, el 1 de junio de 2018, y su impacto en las salas fue creciendo lentamente con el voz a voz. Nunca vi un primer corte, no vi fragmentos previos, vi la película entera el día de la *première* y me emocioné y lloré como cualquier otro espectador. **Definitivamente era la historia de un hombre ordinario que lograba cosas extraordinarias**. Cuando rodaron los créditos finales, comprendí que estaba empezando una nueva vida. Poco después nacería el Millán mentor, el Millán *speaker*. El que escribe estas páginas. Su misión: compartir contigo el método que he creado para alcanzar lo imposible y seguir rechazando mi destino.

PARTE 2

LA MOCHILA

Aprendizajes, ejercicios y herramientas del método para lograr lo imposible

Durante mucho tiempo, logré mis metas de manera cien por ciento intuitiva; ingenua, incluso, podría argumentarse. Las carreras de Mojanda y la Patagonia, como pudiste comprobar en páginas anteriores, las realicé casi sin ningún tipo de preparación; no me entrené ni física ni mentalmente, no tenía un plan estratégico, ni un equipo de personas y ni siquiera la indumentaria adecuada. Fue una auténtica locura, aún hoy me parece una suerte de milagro haber superado esas pruebas y vivir para contarlo. Sin embargo, a medida que los retos se hacían más grandes, y mientras más miraba a mi alrededor a la gente que admiraba, más me daba cuenta de que era necesario tener una planificación. No solo era necesario; era una forma más eficiente de alcanzar mis metas. Entonces empecé a inventarme mis propias formas de entrenamiento: practicar con los zapatos más baratos del mercado hasta que me salieran callos que me protegieran llegado el día de la carrera, correr con música que detestara para que mi mente se volviera más resistente, bordar mis sábanas y toallas con la palabra "Sahara" para que mi cabeza se enfocara en la maratón que correría allí y hasta entrenar durante días en una fábrica de hielo para aclimatar mi cuerpo a las temperaturas de la Antártida.

Como te digo, todo esto lo hice de forma muy intuitiva, desconocía por completo que había una ciencia detrás de lo que estaba haciendo; solo sabía que me estaba dando resultados. La gran sorpresa vino cuando, años más tarde, empecé a estudiar psicología y me di cuenta de que todo lo que hacía para entrenarme había sido estudiado por científicos y terapeutas, y tenía una teoría que lo sustentaba. Me pareció fascinante. Por fin podía ponerle nombre a mis recursos y ocurrencias.

Así, poco a poco, fui ordenando mi propia caja de herramientas. Empecé a esbozar lo que hoy es un método transferible, comprobable y replicable para convertir los imposibles en posibles. Se trata de un proceso aplicable a cualquier situación, persona y objetivo, y consiste en cuatro etapas básicas, a saber: *1)* definir la meta, *2)* preparar la mente, *3)* trazar un plan y *4)* ejecutarlo.

El método Millán

1. Define tu meta y encuentra tu motivación real
2. Prepara tu cuerpo y entrena tu mente
3. Diseña un plan y da el primer paso
4. Inténtalo las veces que haga falta y honra el proceso

En las siguientes páginas te compartiré las reflexiones, conclusiones, ejercicios y herramientas más valiosas que he encontrado para transitar cada parte del proceso. Investígalas, experimenta con ellas, modifica lo que haga falta, adáptalas a tu caso o, incluso, descártalas si después de hacer los ensayos respectivos definitivamente no te funcionan. Nuestras vidas están más allá de cualquier esquema. ¡No a la dictadura de las tablitas, las matrices, las fórmulas, las plantillas Excel que te dicen cómo vivir! Estas herramientas están aquí para darte una mano y acompañarte en la consecución de tus metas. Han sido probadas una y otra vez, por mí y por los cientos de personas que asisten a mis talleres, y puedo decir sin temor a equivocarme que son piezas clave en el camino hacia lo que nos hemos propuesto con este libro: convertir lo imposible en posible.

6

Define tu meta y encuentra tu motivación real

TEST INICIAL

Antes de empezar este capítulo, me gustaría que pensaras en aquellas cosas, proyectos, situaciones, desafíos, metas, sueños, que durante años has considerado "imposibles". Elige uno de ellos y déjame acompañarte a responder con la mayor honestidad las siguientes preguntas:

1. ¿Cómo definirías tu sueño? Escríbelo en una frase. Ejemplos: subir el Everest, abrir mi propio restaurante, conseguir una beca para equis universidad.

___

___

___

___

2. ¿Por qué te parece que (ese sueño, objetivo, anhelo, proyecto, emprendimiento, negocio) es imposible de lograr? Ejemplo: "Porque no conozco a nadie que lo haya logrado".

3. ¿Quién te ha dicho que es imposible? ¿Esas personas han intentado algo parecido?

4. ¿Qué frases limitantes escuchas en tu cabeza cuando te dices que es imposible? Ejemplo: "No soy capaz", "Soy demasiado perezoso para lograr esto".

5. ¿Por qué frases posibilitadoras podrías reemplazar las limitantes? Ejemplo: "He logrado muchas cosas en mi vida, esto también podré lograrlo", "Tengo todo lo que se necesita para lograr esta meta".

Toda meta esconde un propósito

Hay muchas personas que no tienen clara la meta. O la tienen y aun así desconocen la motivación verdadera detrás de la meta. Es decir, tal vez no quieras comprarte un Lamborgini simplemente porque te apetece tener un coche caro en tu garaje, sino porque, para ti, eso significaría que eres exitoso en lo que haces. O probablemente no quieras lograr la matrícula de honor en el máster que te estás sacando, sino porque eso te permitirá acceder a mejores trabajos y por lo tanto crear una vida más próspera para ti. En mi caso, por ejemplo, yo no quiero correr maratones solo para decir que las he corrido y obtener medallas y premios; quiero cruzar las metas de las maratones porque eso significará que he vencido mis miedos y he logrado vencer las barreras de mi mente. ¿Lo ves? **Entonces, te invito a preguntarte: ¿cuál es el verdadero propósito detrás de tu meta?**

Para ayudarte a contestar esa compleja pregunta, te comparto una herramienta sumamente eficiente: la flor del ikigai.

Se trata de un término que forma parte de la cultura japonesa desde hace siglos y que en las últimas décadas, por cuenta de los azares del algoritmo, los *trending topics*, los temas de moda de las redes sociales, el éxito de algunos títulos de superación personal y la eclosión del *coaching*, en Occidente se ha comenzado a hablar de él, y que, de la manera más sencilla, podría traducirse como la "razón de vida", la "razón de ser". En su libro *Ikigai, los secretos de Japón para una vida larga y feliz* (2016), los autores Héctor García y Francesc Miralles lo explican así: "El *ikigai* está escondido en nuestro interior y requiere una exploración paciente para llegar a lo más profundo de nuestro ser y encontrarlo. Según los naturales de Okinawa, la isla con mayor índice de centenarios del mundo, el *ikigai* es *la razón por la que nos levantamos por la mañana*".

¡Qué bello! De todas las definiciones que he leído, esa es la que más se acerca a lo que yo, sin ser un okinawense, entiendo como ikigai. La razón por la que me levanto cada mañana. Sé que a veces nos cuesta encontrar esa *razón*. Yo la busqué durante mucho tiempo, y aunque estaba ahí ante mis ojos, la dejaba ir. En aquel entonces no conocía estas cuatro preguntas clave que nos ayudan a descubrir nuestro ikigai:

1. ***¿Qué amas hacer?***
2. ***¿En qué eres buena o bueno? (¿En qué oficio, en qué actividades, en qué campo realmente brillas?).***
3. ***¿Qué sientes que puedes aportarle al mundo?***
4. ***¿Por cuál de esas cosas que amas y en las que eres buena o bueno podrían pagarte? ¿Con cuál de ellas podrías ganarte la vida?***

En la combinación de todas ellas, justo en el centro, hallarás tu ikigai. Al responder esas preguntas, completar este sencillo y profundo ejercicio sobre lo que estás haciendo hoy, en este instante, con tu vida. Quizás lo que te gusta es el arte y eres buenísima pintando y te podrían pagar por ello y al mundo le vendrían bien tus pinturas, solo que trabajas en un taller de mecánica creado por tu abuelo porque esa ha sido la tradición familiar. Y vas bien. Tienes empleo en estos tiempos difíciles. No te falta el dinero. A pesar de todo, ¿eso es lo que quieres? ¿Es esa tu razón de vida? Quizás retomar la pintura después de una década de olvido te parezca una locura, un *imposible...* Borra el "*im*", por eso estás leyendo estas páginas. Y fíjate que no se trata de renunciar de inmediato a tu actual ocupación, se trata de darte cuenta de qué es lo que realmente amarías hacer y comenzar a dar los primeros pasos para conseguirlo.

Recuerdo la historia del músico y conferencista canadiense (de raíces japonesas) Tim Tamashiro, quien un día se cansó de su trabajo como locutor en CBC Radio, para dar un paso más largo y firme en la búsqueda de su razón de vida. Aunque amaba estar detrás de los micrófonos, era bueno en su oficio, su trabajo le aportaba al mundo y le pagaban por ello, notaba que ya había cumplido un ciclo. Percibía el desgaste. Así que asumió que su nuevo "trabajo" debía ser el encontrar su nuevo ikigai. Se dedicó a viajar, a valorar cada minuto libre, a celebrar la compañía de su familia, y en su visita a la isla de Okinawa, la tierra de sus abuelos, y uno de los lugares con mayor longevidad en el mundo —muchos de sus habitantes superan los 100 años—, halló la respuesta que buscaba. Su nuevo propósito era "disfrutar" de la vida. Y eso es lo que hace. Disfruta de la vida escribiendo, es el autor de *How to Ikigai* (2019), da conferencias sobre el tema y nos repite una y otra vez que "el ikigai es una acción. Es un verbo. Es servir, crear, disfrutar, nutrir, producir, enseñar, sanar, conectar, construir". ¡Un verbo!

Cuando realizamos este ejercicio en mis talleres y seminarios, la clase se llena de una energía muy intensa y renovadora. Al momento de compartir su ikigai con los demás, muchos de los participantes me dicen con sonrisas o lágrimas en los ojos que han perdido demasiados años de su vida trabajando en un campo que detestan, escapando de su vocación, huyendo de su verdadero sueño por miedo, falta de decisión o extravío. Otros, emocionados, me cuentan que, sin saberlo, viven alineados con su ikigai. Por eso, me gustaría que hicieras una breve pausa en tu lectura y que, con los ojos cerrados y un par de inhalaciones y exhalaciones, te hagas las mismas preguntas y rellenes la figura que encontrarás a continuación.

EJERCICIO

Descubre tu propósito: La flor del Ikigai

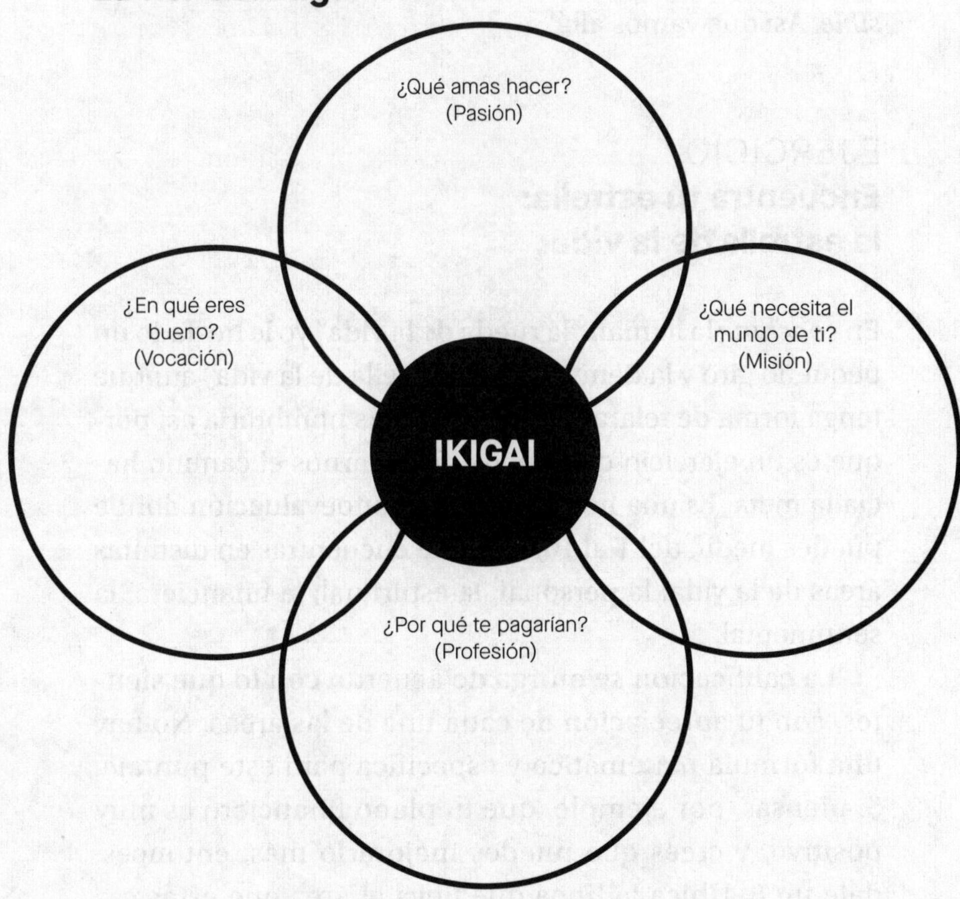

¿Cómo te sientes ahora que has encontrado tu ikigai? ¿Sorprendido?

Cuando juntas la información sobre tu ikigai sobre el conocimiento de tu estrella de la vida, nuestra siguiente herramienta, se empieza a iluminar la ruta hacia lograr lo *imposible*. Así que vamos allá.

EJERCICIO
Encuentra tu estrella: la estrella de la vida

En *coaching* la llaman "la rueda de la vida", yo le he dado un pequeño giro y la denomino "la estrella de la vida", aunque tenga forma de telaraña. Me gusta más nombrarla así porque es un ejercicio que puede iluminarnos el camino hacia la meta. Es una herramienta de autoevaluación donde puedes medir, del 1 al 10, cómo te encuentras en distintas áreas de la vida: la personal, la espiritual, la financiera, la sentimental.

La calificación se otorga de acuerdo con lo que sientes, con tu apreciación de cada una de las áreas. No hay una fórmula matemática y específica para este puntaje. Si piensas, por ejemplo, que tu plano financiero es muy positivo, y crees que puedes mejorarlo más, entonces, dale un 8. Ubica la línea que lleva al área que estás calificando y pon un punto en el lugar de la línea donde se encuentra el número correspondiente. Haz lo mismo con todas las áreas de la vida y luego une todos los puntos. El resultado será la imagen de tu estrella, es decir, tu estado actual.

Para ilustrar esta explicación, te comparto cuál era mi estrella en 2015.

Ejemplo:
Estrella Millán (2015)

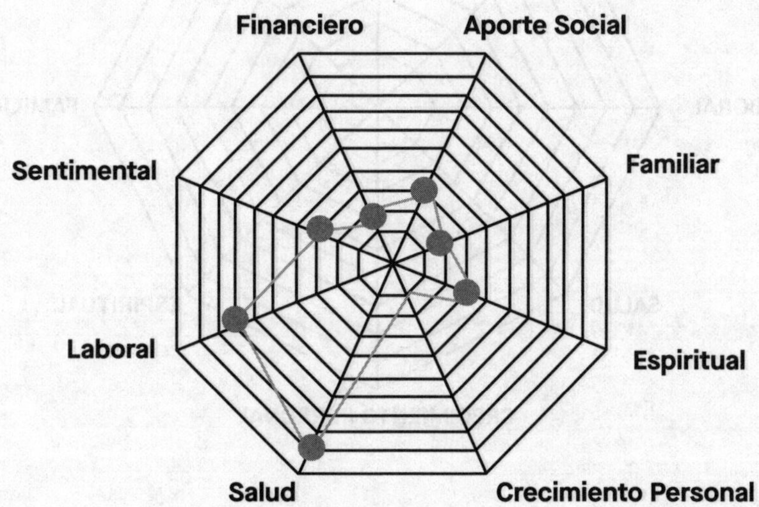

Como ves, mi plano financiero estaba en 2, el laboral en 7, el de la salud en 9, etcétera. Al unir los puntos, esa era la figura de mi vida dentro de la estrella en aquel año. ¿Te quedó más claro? ¡Completa la tuya!

En la siguiente figura, califica del 1 al 10 en qué lugar te encuentras en cada una de las áreas sugeridas. Tómate el tiempo que necesites para felicitarte por los aspectos de tu vida que están bien y muy bien, según tu evaluación; y para aceptar y revisar aquellos que merecen un cambio. Haz una pausa acompañada de varias respiraciones tranquilas.

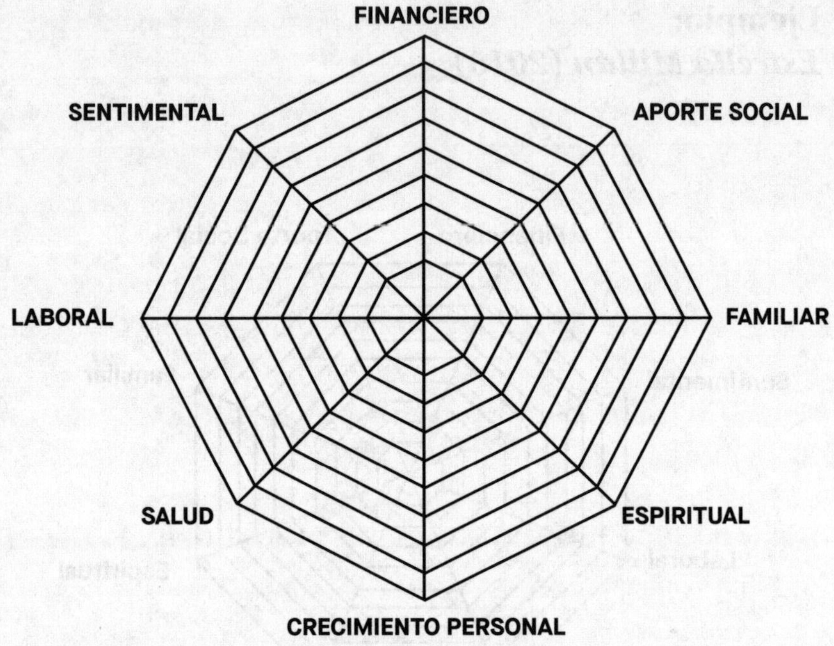

Es un ejercicio genial. Después de algunos minutos de reflexión, de calificar esos planos, de unir los puntos, puedes ver cómo está tu vida en ese momento preciso. No es una verdad absoluta, es una guía. La estrella que dibujaste y pintaste hoy seguramente será muy diferente a la que dibujes dentro de cuatro meses o tres años. Es una huella visual. Y te da pistas de qué planos merecen tu atención para mejorarlos. En mi caso, cuando vi aquella estrella en 2015, sabía que debía enfocarme en mi crecimiento personal. Arrastraba una frustración enorme, sentía que en mi vida no pasaba nada extraordinario. Al darme cuenta de eso, con la ayuda de esta sencilla herramienta, me puse manos a la obra para tratar de mejorar ese plano existencial. Tú también puedes usar este ejercicio como guía para saber en qué área de tu vida debes trabajar para alcanzar tus metas.

Sueña en grande

En el libro *Designing Your Life* (2016), escrito por dos supercerebros del diseño de la Universidad de Stanford, Bill Burnett y Dave Evans, los autores desarrollan una teoría sencilla y contundente: **con la orientación indicada, todos somos capaces de diseñar la vida que queremos**. En su texto nos dan muchas pistas sobre cómo conseguirlo a través de casos reales (y medibles), historias personales y su aguda observación. Al inicio del mismo, los autores nos recuerdan que "todo lo que hace que nuestra vida sea más fácil, más productiva, más agradable y placentera, fue creado a partir de un problema, y un diseñador o un equipo de diseño en alguna parte del mundo supo solucionar el problema". Me pareció una idea posibilitadora. Nos ofrece otra manera de ver esa palabra que a veces se convierte en un mueble pesado, difícil de mover: *problema*. El problema está ahí para retar tu ingenio, tu paciencia, tu resistencia, tu capacidad de cambio; el problema surge para que hallemos una salida. Me gusta lo que afirma la comediante Tina Fey: "Sin importar cuál sea el problema, sé parte de la solución". Los "intentadores" buscamos esas soluciones.

Burnett y Evans nos dicen que diseñar nuestra propia vida, o conseguir el *gran* objetivo, nos tomará cerca de cinco años (es una medición temporal que hacen basados en sus investigaciones y su experiencia). Esto no significa que no puedas obtener buenos resultados en dos meses, o en un año, o en dos; es tan solo una proyección muy realista, que nos recuerda la importancia del proceso. Basados en esa premisa crearon el Plan Odisea, un ejercicio que yo retomo aquí con algunas modificaciones y que me gustaría que disfrutaras y completaras como si fueras un niño de colegio al que sus padres le piden que haga la lista de regalos para Papá Noel. Este ejercicio te permitirá ampliar tu perspectiva sobre tu vida, dándote opciones reales y ayudándote a encontrar tu meta desde la curiosidad y la **creatividad**. Podrás identificar qué valores, intereses y deseos aparecen en los diferentes caminos y acercarte a definir mejor tu meta.

Vamos a ir paso a paso.

EJERCICIO
Escribe tu propia Odisea

Retoma la meta que esbozaste en el test inicial de este capítulo (p. 153). Por ejemplo: lograr un peso saludable.

Imagina los siguientes escenarios y responde las preguntas planteadas en cada uno de ellos:

A. Las cosas salen como las pensabas.

¿Qué nombre le das al plan? Ejemplo: "La mejor pastelería de la ciudad"

____

¿Cuáles son los pasos que ejecutarás, año con año, para lograr tu meta en cinco años?

Año 1: ______________________________

Año 2: ______________________________

Año 3: ______________________________

Año 4: ______________________________

Año 5: ______________________________

Del 1 al 10, ¿cuántos recursos (económicos, físicos, intelectuales) tienes para lograrlo?

____

Del 1 al 10, ¿qué tanto te gusta ese escenario?

Del 1 al 10, ¿qué tan confiado te sientes en que puedes lograr este escenario?

Del 1 al 10, ¿qué tan coherente es este plan con tu plan de vida?

Si alguien quisiera saber por qué quieres llevar a cabo este plan, ¿qué preguntas te haría? Ejemplos: ¿para qué quieres hacer esto?, ¿es vanidad o es deseo genuino?, ¿cómo crees que te sentirás cuando lo consigas?

B. Todo se va al traste y tienes que pensar en un plan B.

¿Qué nombre le das al plan? Ejemplo: "La mejor pastelería del barrio"

¿Cuáles son los pasos que ejecutarás, año con año, para lograr tu meta en cinco años?

Año 1: ______________________________

Año 2: ______________________________

Año 3: ______________________________

Año 4: ______________________________

Año 5: ______________________________

Del 1 al 10, ¿cuántos recursos (económicos, físicos, intelectuales) tienes para lograrlo?

____

Del 1 al 10, ¿qué tanto te gusta ese escenario?

____

Del 1 al 10, ¿qué tan confiado te sientes en que puedes lograr este escenario?

____

Del 1 al 10, ¿qué tan coherente es este plan con tu plan de vida?

____

Si alguien quisiera saber por qué quieres llevar a cabo este plan, ¿qué preguntas te haría? Ejemplos: ¿para qué quieres hacer esto?, ¿es vanidad o es deseo genuino?, ¿cómo crees que te sentirás cuando lo consigas?

____

____

____

____

Tienes el mundo a tus pies y puedes hacer, literalmente, lo que quieras.

____

¿Qué nombre le das al plan? Ejemplo: "La mejor pastelería del país"

____

¿Cuáles son los pasos que ejecutarás, año con año, para lograr tu meta en cinco años?

Año 1: ______________________________________

Año 2: ______________________________________

Año 3: ______________________________________

Año 4: ______________________________________

Año 5: ______________________________________

Del 1 al 10, ¿cuántos recursos (económicos, físicos, intelectuales) tienes para lograrlo?

____

Del 1 al 10, ¿qué tanto te gusta ese escenario?

____

Del 1 al 10, ¿qué tan confiado te sientes en que puedes lograr este escenario?

____

Del 1 al 10, ¿qué tan coherente es este plan con tu plan de vida?

____

Si alguien quisiera saber por qué quieres llevar a cabo este plan, ¿qué preguntas te haría? Ejemplos: ¿para qué quieres hacer esto?, ¿es vanidad o es deseo genuino?, ¿cómo crees que te sentirás cuando lo consigas?

____

____

____

____

Toda esta información puedes recopilarla en las plantillas que te dejo al final del apartado, para que puedas visualizar tus escenarios de forma más clara. Antes de que pases a rellenarlas, te dejo ejemplos de algunas de mis plantillas pasadas para que tengas una referencia y despejes cualquier duda.

Ejemplos de plantillas Millán:

Escenario No. 1

Las cosas salen como las pensaba
"Conquistar los sitios más extremos del mundo"

Escenario No. 2

Todo se va al traste y tengo que pensar en un plan B
"Mi viaje para ser youtuber"

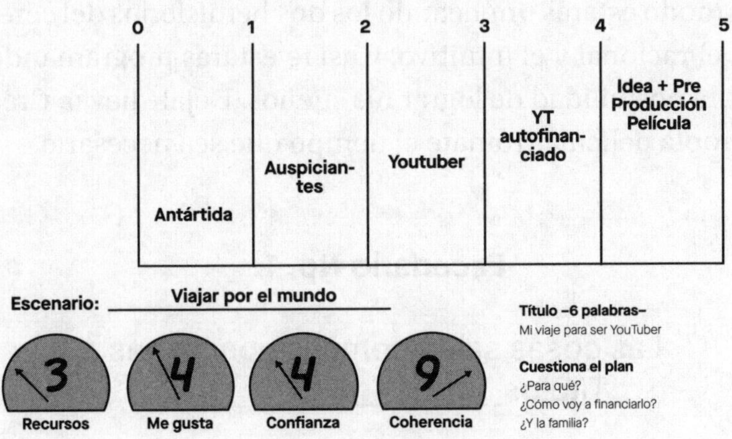

Escenario No. 3

El mundo a mis pies
"Sin límites"

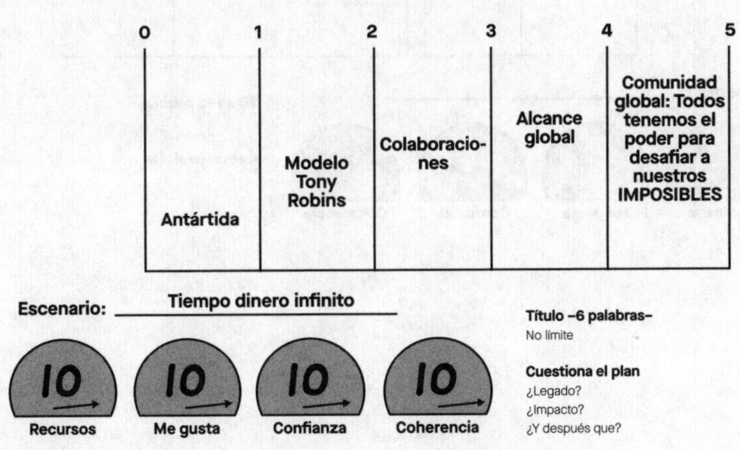

Ahora te toca a ti. Te dejo las plantillas vacías para que las completes teniendo en cuenta las respuestas que pensaste unas líneas antes. Además de palabras, puedes utilizar dibujos, garabatos, gráficos, rayitas, íconos, que te ayuden a visualizar tu proceso en cada uno de los tres escenarios. De este modo estarás implicando los dos hemisferios del cerebro; el racional y el intuitivo, y así te estarás programando para la posibilidad de lograr tus sueños. Déjate llevar. Crea tu propia película. Tómate el tiempo que sea necesario.

Escenario No. 1

Las cosas salen como las pensabas

Título: _________________

0 1 2 3 4 5

Escenario: ____________________

Título –6 palabras–

Cuestiona el plan

Recursos Me gusta Confianza Coherencia

Escenario No. 2

Todo se va al traste y tienes que pensar en un plan B

Título: ________________

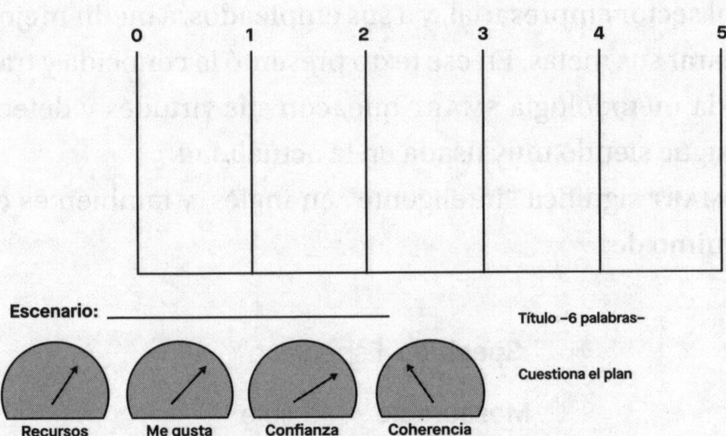

Escenario No. 3

Tienes el mundo a tus pies

Título: ________________

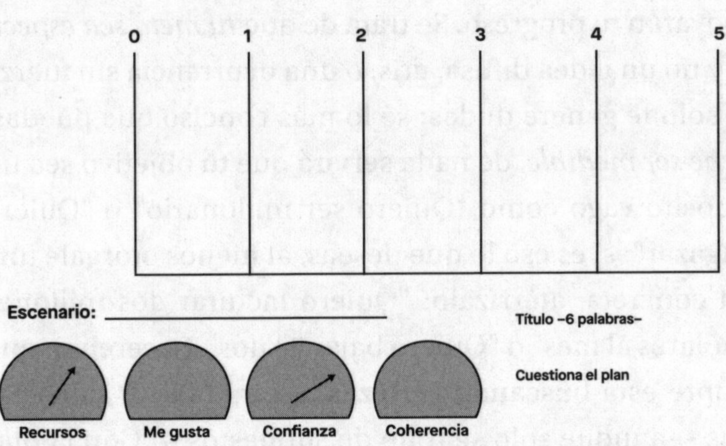

Los sueños inteligentes (S-M-A-R-T)

En un artículo escrito en 1981, el profesor neoyorquino George T. Doran presentó una herramienta que podía ayudar al sector empresarial, y a sus empleados, a medir mejor y aclarar sus metas. En ese texto presentó la conocida y trabajada metodología SMART que, con sus virtudes y defectos, sigue siendo muy usada en la actualidad.

SMART significa "inteligente", en inglés, y también es el acrónimo de:

Specific / Específico

Measurable / Medible

Achievable / Realizable

Relevant / Relevante

Time-bound / De tiempo limitado

Estos cinco elementos orientarán tu proyecto, tu proceso y apoyarán tu progreso. Se trata de que *tu meta sea específica* y no una idea difusa, gris, o una ocurrencia sin fuerza que solo te genere dudas; sé lo más conciso que puedas. *Y debe ser medible,* de nada servirá que tu objetivo sea un propósito vago como "Quiero ser millonario" o "Quiero adelgazar"; si es eso lo que deseas, al menos otórgale una cifra concreta, aterrízalo: "Quiero facturar dos millones de dólares al mes" o "Quiero bajar 8 kilos". Tu cerebro, que siempre está buscando certezas, estará feliz al saber las cifras —aunque solo se trate de supuestos—. Con la planeación le darás piso a tu meta, *comenzarás a realizar* lo que te has propuesto. *Y sabrás si es relevante* si tiene que ver con tu razón de vida, tu ikigai: revísalo. Por último, debes ponerte *una fecha límite*, un año, un mes, un día, una hora; sácate de la cabeza las viejas frases "Lo haré en algún momento", "Sucederá cuando Dios quiera o los astros me lo permitan". No, sé preciso, lo tendré el 27 de junio de 2026, a las tres de la tarde.

Ejemplo. Supongamos que tu meta es mejorar tu salud. Veamos cómo podemos aterrizar esa meta utilizando la herramienta SMART:

1. *Meta específica*: bajar de peso mediante un cambio de hábitos alimentarios, concretamente, dejando el exceso de postres, ultraprocesados y gaseosas.
2. *Medible*: suelo comer dulces en mis tres comidas y en mis dos meriendas. Voy, primero, a comenzar a comer tres veces al día y solo en una de ellas tendré un "postre" que, en realidad, será una fruta; y nada de ultraprocesados y gaseosas. De esta manera podría bajar *cinco kilos*.
3. *Alcanzable*: si hago los cambios de manera paulatina, lo lograré.
4. *Relevante*: significa mucho para mí, recuperar mi salud es darle nuevas perspectivas a mi vida.
5. *Tiempo (fecha límite)*: Un mes y medio.

En una gráfica podría verse así:

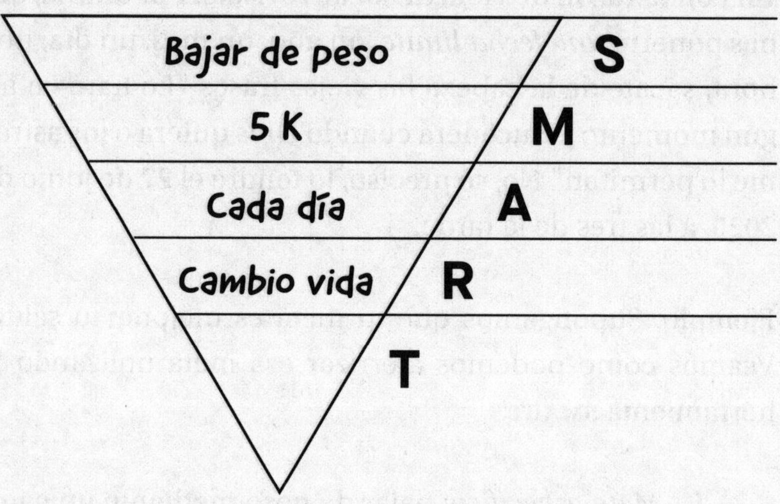

¿Te queda claro? ¡Ahora es tu turno!

HERRAMIENTA
Idea tu meta smart

Revisa la meta que escribiste en el test que se encuentra al inicio de este capítulo (p. 153) y aplica la metodología SMART.

Es tu momento, te dejo la plantilla para que en ella pongas ese objetivo que te has propuesto.

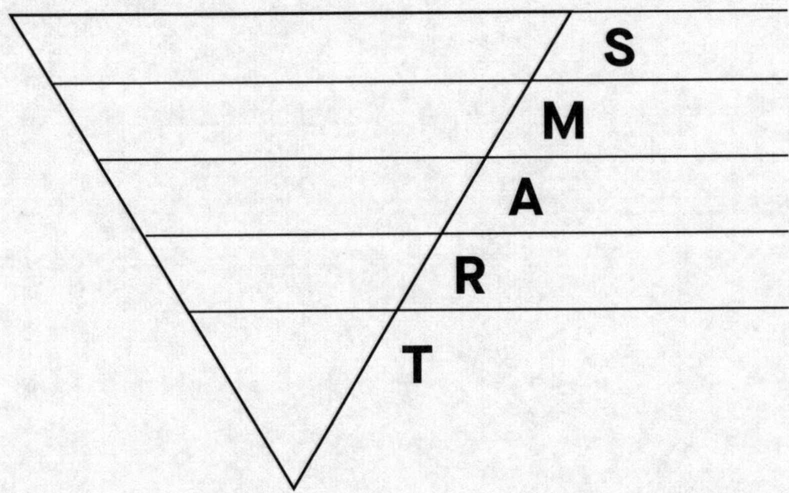

7

Entrena tu mente y prepara tu cuerpo

Ahora que tienes clara y aterrizada tu meta, es momento de disponer tu cuerpo y tu mente para alcanzarla. **Siempre digo que, si quieres lograr algo, primero tienes que convencer a tu cerebro de que puedes conseguirlo**. Es decir, si quieres convertirte en un levantador de pesas imbatible, un chef notable, una ejecutiva destacada o una estrella del *country*, tendrás que ejercitar el órgano más preciado y engañoso del cuerpo: el cerebro. Si tu mente no *cree*, aunque tengas la fuerza de seis elefantes no serás capaz de levantar una barra de 10 kilogramos. El lugar más extremo, engañoso, peligroso —y hermoso— del mundo no está ni en las profundidades de la Tierra, ni en las arenas del Sahara, ni en los paisajes congelados de la Antártida, está en tu mente. Ella te da el empujón para avanzar o te aprisiona y te bloquea.

Uno de los especialistas que ha estudiado con mayor rigor el comportamiento de nuestro cerebro es el doctor

Joe Dispenza, autor de *bestsellers* como *El placebo eres tú* (2014) o *Sobrenatural* (2017). En 1986, cuando competía en un triatlón en Palm Springs, California, fue arrollado por una Ford Bronco conducida por una anciana que no pudo frenar a tiempo. El joven quiropráctico de 23 años voló por los aires, luego fue arrastrado por el piso y sufrió la rotura de seis vértebras. Según el dictamen médico, si no se sometía a una compleja y riesgosa cirugía, quedaría paralítico.

Dispenza rechazó su destino, se negó a la operación y pidió ser llevado a la casa de una pareja de amigos donde podría reflexionar sobre su situación. Allí comenzó su curación, a partir del poder de su mente. Meditaba sin descanso. "Así que dos veces al día, durante dos horas, me dedicaba a mirar en mi interior y a crear una imagen del resultado que deseaba: una columna totalmente reconstruida [...] De pronto vi que, cuando nos enfrentamos a una crisis o a un trauma, invertimos demasiada atención y energía pensando en lo que *no* queremos en lugar de en lo que sí queremos", escribe en los capítulos introductorios de *El placebo eres tú*, donde recuerda que nueve semanas y media después pudo levantarse de la cama, ¡sus lesiones se habían ido!

Después de aquel despertar, maravillado e intrigado por lo que había logrado, se dedicaría a investigar esa íntima conexión entre nuestros pensamientos y nuestra sanación, hasta convertirse en el reputado autor y neurocientífico que es hoy. Él sabía que había abierto la *puerta*. Una que comunicaba el universo táctil (lo corpóreo, lo que vemos) con el de las infinitas posibilidades (la energía, el campo cuántico, lo que no vemos), la recuperación de su columna era la gran prueba, sin embargo, debía demostrarlo a través de la ciencia. Y lo ha hecho. Junto con su equipo de especialistas han realizado centenares de escáneres cerebrales, con diversos grupos de personas (sanas, enfermas, escépticas, en búsqueda de curación), que confirman su teoría: bien orientada, nuestra mente es la mejor medicina que existe.

Tu estado mental posibilita o destruye. Dispenza nos recuerda que cada día procesamos, en promedio, entre 60 000 y 70 000 pensamientos, un número aterrador. De ellos, al menos el 80 % son repetidos. Ahora, y quiero que leas esto muy bien, el 90 % de esos pensamientos que repetimos a diario suelen ser negativos o poco agradables. Nuestro cerebro, de manera habitual, sin oponer resistencia, le da más "visibilidad" al discurso de la incapacidad y la desilusión, que a las ideas de bienestar y crecimiento.

La psiquiatra española Marian Rojas Estapé, autora de *Cómo hacer que te pasen cosas buenas* (2018), afirma que de esa gran masa de pensamientos terribles, el 91.4 % nunca se convierte en realidad. En otras palabras, desperdiciamos buena parte de nuestra existencia dando por hecho desgracias que nunca suceden. Desgracias que de tanto pensarlas, y sin quererlo, estamos llamando y atrayendo a nuestra vida.

Por eso quiero que te tomes unos minutos para pensar sobre este asunto. Cierra los ojos, respira profundo. Inhala, despacio. Exhala, lentamente. Trata de identificar cuáles son los pensamientos que tienen más protagonismo en tu mente. Puede que sientas tristeza o incomodidad al notarlos. Continúa. Respira. Este es otro primer paso, uno que te ayudará a mirar hacia tu interior, a darte cuenta de qué tanto "chisme" mental te congela en la mentira de los imposibles.

Tal vez detectaste en tu mente algunas de esas frases que mencionamos antes: "No se puede", "No eres capaz", "No eres suficiente"... Las has replicado durante tanto tiempo, como un susurro, que has terminado por aceptarlas. Ellas forman parte de las creencias basura, del 80% de pensamientos que se repiten en tu cabeza cada día. Por repetición, tu cerebro las hizo ciertas y se han infiltrado en tu ser. "Es imposible-imposible-imposible". Por repetición, con un poco de práctica juiciosa y constante, podrías conseguir lo contrario, que tu mente cambie la cháchara negativa por una posibilitadora: "Tengo la fortaleza, el talento y el coraje para hacerlo", y entre en lo más profundo de tu ser.

Ten presente que, para cambiar ese discurso que está muy arraigado en los confines de tu disco duro, vas a necesitar mucho más que palabras. No bastará con repetir afirmaciones. Puedes decir un millón de veces al día "soy capaz-soy capaz" y no notarás el cambio si no consigues creerlo de verdad. El mensaje que repites de manera consciente debe llegar al inconsciente y desde ahí replicarse a todo tu ser. Para lograrlo, el primer paso es identificar las vocecillas de tu mente, poner en duda el "no puedes", comenzar a trabajar en el "sí que puedo" y ponerlo en el puesto número uno de propio *top ten* de pensamientos.

Buena parte de ese trabajo lo puedes hacer tú a través de la respiración consciente, la meditación y la introspección. Si quieres profundizar aún más, puedes acudir con un terapeuta para que te ayude a indagar en los miedos y creencias limitantes con las que tu mente puede estar poniéndole una zancadilla a tu meta.

Por lo pronto, te comparto una de las prácticas que me ha parecido más potente para visualizar tu meta y empezar a anclarla en tu cerebro y a predisponerlo a cumplirla.

El viaje de Dr. Strange

Como te lo conté páginas atrás, al atravesar la meta en la Antártida, después de correr más de 16 horas entre el hielo, no tuve un enorme estallido de euforia, sentí una alegría contenida. Estaba feliz, satisfecho, orgulloso de haber terminado una carrera aterradora, sin embargo, aunque era mi primera vez en esa zona del mundo, la situación me resultaba familiar. Sin haber pisado aquel territorio, ya había terminado la Antarctic Marathon & 100 varias veces, desde el congelador donde practicaba en Quito. En esas horas de entrenamiento sobre la caminadora, con un telón blanco al frente, sintiendo el frío de aquel salón, oyendo el ruido de fondo de los rodillos de la máquina, a fuerza de repetición y apertura mental, fui creando la Antártida dentro de mí. En cada sesión la sentía más real. No corría en Ecuador, corría en aquel lugar lejano. Fabriqué lo que, después entendí, era una profecía autocumplida. Es decir, de tanto creerlo y recrearlo, lo hice realidad.

Cuando entendí que esto era, de hecho, un concepto sociológico (expuesto por el sociólogo Robert K. Merton a mediados del siglo pasado), la pregunta natural que me surgió fue: ¿por qué y cómo funcionan las profecías autorrealizables? Esto fue lo que entendí: nuestra vida, como nos lo recuerdan múltiples autores, entre ellos Eckhart Tolle, Mario Alonso Puig, Deepak Chopra o Shannon Lee, siempre transcurre aquí y ahora. Lees esto en este instante, en el momento presente, que es lo único que existe. El pasado es una imagen que guardamos en nuestra mente. El futuro es una invención de la misma. Cuando recuerdas aquel beso que te dio tu mamá después de recibir la primera tarjeta que le regalaste para el día de la madre, lo haces desde el presente. Cuando proyectas hacia adelante una sensación o cualquier idea, digamos: "Si el verano sigue así la próxima semana arderán los bosques cercanos a mi casa", también lo haces desde el presente.

Una profecía autocumplida ocurre cuando la visualización repetitiva de un resultado futuro (deseado o no) moldea los pensamientos, las acciones y los comportamientos de tal manera que lo visualizado se cumple. Eso fue exactamente lo que yo hice, creando desde aquel congelador quiteño la experiencia que tendría más adelante en la Antártida. O corriendo por las calles de Guayaquil, sudoroso y a la medianoche, construyendo lo que viviría en el Sahara. Gran parte de los sueños que cumplí, los construí previamente en casa, con los ojos cerrados, a veces sentado, a veces acostado. Respirando lentamente, visualizando con qué pie cruzaría la meta, qué gritaría y cómo me sentiría. Y ahora te voy a contar cómo lo puedes hacer tú, cómo puedes orientar y concretar tus profecías autorrealizables, o cómo puedes viajar al pasado para traer de él la sabiduría adquirida antes. Aunque tomará tiempo, es una metodología que te llevará a otro nivel.

Empieza por escribir y dibujar tu sueño en el papel, como ya lo has hecho en las páginas previas de este libro. Esa es la primera prueba visual y tangible de que puedes conseguirlo. Es una poderosa estrategia que usamos con los ojos bien abiertos y que encuentra su mejor complemento con otra que funciona mejor con los ojos cerrados. Yo la defino como un viaje al interior de nuestro ser, al mejor estilo de Dr. Strange, el conocido superhéroe de Marvel.

Esta meditación me ha ayudado a demoler mis barreras mentales y a entrenar a mi cerebro para lograr muchas de las metas que he cumplido en mi vida, visualizándolas. Te la comparto a continuación para que tú también puedas comprobar su eficacia. Comprendo que, si no estás familiarizado con estas prácticas meditativas, al principio pueden parecerte un disparate, o incluso un martirio. Date la oportunidad de intentarlo. Si es tu primera vez meditando, te recomiendo repetir los pasos 1 a 3 durante cinco, diez, quince minutos, al menos durante una semana, antes de ir a los pasos siguientes.

MEDITACIÓN PARA CREAR UNA PROFECÍA AUTOCUMPLIDA

Antes de empezar:

Para poner en marcha esta travesía interior y temporal, vas a necesitar un cojín o una banquita de meditación, o una silla, o tu propia cama; y un lugar que se convierta en tu zona de vuelo, puede ser la sala de tu casa, el estudio, tu habitación. Busca un espacio tranquilo donde te puedas quedar sola o solo, sin interrupciones, durante al menos 20 o 30 minutos. Sería genial si encuentras un rincón libre de aparatos electrónicos. Si no lo hallas, no hay problema, lo que más importa es tu entrega a la práctica.

Instrucciones:

1. Siéntate con la espalda recta o túmbate bocarriba. Si elegiste estar sentado, cerciórate de que los isquiones estén bien apoyados en el suelo. Relaja los hombros con la barbilla levemente inclinada hacia el cuello y ubica la punta de tu lengua en esa zona donde se juntan el paladar superior y las raíces de tus dientes, sin presionar, con sutileza. Deja que tus manos reposen sobre tu regazo o tus rodillas. Si escogiste estar tendido en el suelo, abre levemente las piernas y los brazos formando una V, con las palmas de las manos hacia arriba. Ninguna de estas posturas debería causarte dolores o molestias; si los sientes, busca la posición más plácida para ti.

2. Cierra los ojos. Ahora siente tu respiración. Inhala y exhala suavemente. Lleva tu ritmo, sin prisas. Concéntrate en el aire que entra y sale de tus fosas nasales. Nota que al inhalar tu vientre se expande de manera apacible y al exhalar se contrae mansamente. Si quieres percibir mejor ese movimiento, pon tu mano derecha sobre tu abdomen. Mantén un ritmo lento y procura que el tiempo de inhalación sea similar al de exhalación.
3. Observa tus pensamientos y déjalos pasar como nubes que vienen y van. Si te distraes, trae tu atención de vuelta a la respiración. Tan solo trata de regresar a tu inhalación, a tu exhalación.
4. Cuando sientas tu mente despejada y estés conectado con cada inhalación y exhalación, responde a estas preguntas sin pensar mucho en la respuesta, únicamente dejándote guiar por tu intuición:

   A) ¿Dónde está ubicado tu *pasado*?

   –A mi izquierda
   –A mi derecha
   –Arriba
   –Abajo

   B) ¿Dónde está ubicado tu *futuro*?

   –A mi izquierda
   –A mi derecha
   –Arriba
   –Abajo
5. Mientras inhalas y exhalas, desde este momento presente, siente que te mueves hacia el lugar donde percibes que se halla tu pasado. Desplázate mentalmente hacia ese lado y piensa en un momento en el que te hayas sentido inmensamente valiente. Navega por tu pasado y trata de visualizar ese instante.

Cuando lo tengas, revive esa escena de la manera más detallada posible. Recuerda los olores, cómo estabas vestido, la luz de la escena y, lo más importante, cómo era la sensación de "valentía" que llevabas dentro. Siéntela. Vívela. Estás ahí. Atesora esa sensación de valor. La tienes de nuevo dentro ti.

6. Regresa al momento presente lleno de valor. Respira unas cuantas veces más. Inhala. Exhala. Sigue apreciando esa cualidad. Habítala. Quédate ahí un par de minutos o el tiempo que a ti te plazca. Ahora que tienes la valentía en ti, reflexiona sobre esta pregunta: ¿cómo puedo usar esta fuerza para lograr mi meta? ¿Qué voy a hacer para lograr mi meta?
7. Cuando tengas claras las respuestas, imagina que te mueves hacia el lado donde está tu futuro. Siente que realizas cada acción con valentía. ¿Qué haces? ¿Cómo te sientes? ¿A qué huele? ¿Qué tienes puesto? ¿Quién está a tu alrededor? ¿Cómo son los rostros de la gente que te rodea? Estás creando tu futuro, lo estás viviendo, es real. Después de estar ahí durante algunos minutos, regresa a tu estación central, al presente.
8. Inhala, exhala, permite que brote de tu interior un sentimiento sincero de gratitud por aquello que acabas de vivir. Da las gracias por la valentía que has recuperado, por el sueño que has empezado a construir, por constatar que no hay límites y con la certeza de que todo es posible. Agradece y confía.

Nota: repite este ejercicio cuantas veces desees con humildad, apertura y paciencia; sin esperar resultados inmediatos. Al terminar, ¡ponte manos a la obra! Vuelve al paso a paso, honra el proceso, sal al mar abierto a pescar los peces grandes.

Eres guerrero, mago, amante y rey

El psiquiatra Carl Gustav Jung decía que, sin importar qué idioma hablamos, a cuál dios invocamos o en qué parte del mapa vivimos, todos los seres humanos compartimos un inconsciente colectivo, esto es, un entendimiento profundo del mundo que **no es individual**, sino **universal.**

A diferencia del **inconsciente personal**, que contiene recuerdos y experiencias olvidadas o reprimidas de cada individuo, el inconsciente colectivo **alberga estructuras universales e innatas**, que Jung llamó **arquetipos**. Cada uno de ellos representa una motivación profunda, un estilo de actuar y una necesidad existencial que podrían resumirse de esta manera:

- **El inocente**: Busca la felicidad viviendo con fe, optimismo y pureza.
- **El sabio**: Anhela comprender el mundo a través del conocimiento y la verdad.
- **El guerrero (o el héroe)**: Lucha por lo que cree, enfrentando desafíos con valentía.
- **El rebelde**: Rompe las reglas para provocar un cambio o liberar al sistema.
- **El explorador**: Desea descubrir quién es explorando el mundo sin límites.
- **El mago**: Transforma la realidad combinando sabiduría interior y poder espiritual.
- **El amante**: Vive para crear vínculos profundos y experimentar la pasión.
- **El bufón**: Usa el humor y la alegría para iluminar la vida y escapar del aburrimiento.
- **El cuidador**: Se entrega al servicio de los demás con compasión y sacrificio.

- **El creador**: Quiere dar forma a ideas únicas y dejar huella con su arte o visión.
- **El rey (o el gobernador)**: Aspira a liderar con orden, control y responsabilidad.
- **El huérfano**: Aprende a ser fuerte desde el dolor, buscando pertenencia y verdad.

Cuando comencé mis estudios de psicología, comprendí la importancia de tomar conciencia de estos arquetipos, de saber que todos están latentes en cada uno de nosotros y que podemos activarlos y utilizarlos para alcanzar las metas que nos propongamos. De la misma manera en que Clark Kent se pone el traje de Superman y, entonces, tiene acceso a todos sus poderes, así también nosotros podemos elegir qué traje (qué arquetipo) ponernos en un determinado momento para saltar del imposible al posible.

Para efectos del método que estás siguiendo en este libro, me interesa particularmente que nos concentremos en activar cuatro de los arquetipos expuestos: el guerrero, el mago, el amante y el rey, pues son los que a mí más me han servido en mi camino y a los que acudo a menudo cuando necesito recordar que tengo todo lo que necesito para alcanzar mis metas.

Vamos a ello.

EJERCICIO

Despierta los arquetipos fundamentales en ti

1. El guerrero (o el héroe)

Este arquetipo representa la fuerza interna, el coraje y la valentía. Cualidades que todos llevamos dentro y que usamos en los momentos de duda, debilidad o tristeza, para levantarnos, para atrevernos a cambiar; porque la única opción que nos queda es obrar con valor.

Tú llevas esa guerrera o ese guerrero dentro de ti, solo tienes que despertarlo, sentirlo, y usar todo su poderío cuando sea necesario. Yo descubrí que mi guerrero está en mi rodilla izquierda, ahí se halla la fuerza con la que me he salvado de morir en medio del camino, en carreras imposibles. En una situación retadora o inquietante, toco mi rodilla izquierda y despierto el coraje que necesito. Así lo hice, por ejemplo, cuando compartí escenario con el *speaker* motivacional más importante del mundo, el californiano Tony Robbins, autor de muchos *bestsellers*, como *Imbatible* (2019), y un monstruo que ruge en escena.

Él era el pez gordo del cartel, la gran atracción del evento que duraría dos días. Yo, en cambio, era el ecuatoriano desconocido y tenía la obligación de romper el hielo, de comenzar las charlas programadas para la tarde del primer día, en la Arena Ciudad de México, frente a 15 000 espectadores. Antes de saltar al escenario me puse muy nervioso. Temblaba. Dudaba. Jamás había contado mi historia ante tanta gente. Sabía que era un momento decisivo para consolidar o echar a perder mi nueva apuesta de vida, la de convertirme en el mejor conferencista motivacional de Latinoamérica. Empecé a repetir el mantra que había practicado con mi psicoterapeuta, Mariana: "Cuando esté en el escenario, será mi única oportunidad, y yo siempre he aprovechado mis únicas oportunidades". Con mi mano izquierda le di unas firmes palmadas a mi rodilla izquierda para activar al guerrero. Comencé mi presentación muy motivado, como Rocky Balboa luchando por el título mundial en la segunda parte de la saga —en la primera no le interesaba ser campeón, solo terminar la pelea—, y el auditorio respondió entregado. Días más tarde, mi amigo Ricardo Leyva y hoy uno de mis mentores, me contó cuáles habían sido los dos conferencistas mejor calificados del evento (más de 5 000 personas dieron su voto), no lo podía creer; el primero, Tony Robbins, con 4.98 sobre 5; el segundo, Millán Ludeña, con la misma calificación. ¡Vamos, Rocky!

Ahora vuelvo a ti. Voy a pedirte que te levantes de tu silla o de la cama, que cierres los ojos, sientas la energía que fluye a través de ti y trates de encontrar cuál es la zona de tu cuerpo donde crees que está ese guerrero. Y cuando la ubiques, piensa en cuál sería el color de tu guerrero (el mío es el naranja), cuál es su olor (el mío huele a tabaco) y cómo es su grito de combate —no puedo gritar ahora porque estoy en un hotel; si pudiera hacerlo, tumbaría el edificio—. Te dejo unos espacios aquí abajo para que lo escribas.

A. La parte de mi cuerpo donde guardo a mi guerrero/guerrera es...

___

B. El color de mi guerrero/guerrera es el...

___

C. Mi guerrero/guerrera huele a...

D. *¡Y este es el grito de mi guerrero/guerrera! (Hazlo, de verdad, toma aire y grita como lo haría tu guerrero; suelta un alarido sonoro de valentía y coraje).*

Quédate ahí un par de minutos, reconociendo, sintiendo a tu guerrero. Lo vas a necesitar todo el tiempo si quieres salir del "im" y llegar al "posible".

2. El mago

Es esa cualidad interior que usas para crear lo que deseas, crear aquello que no existe y hacerlo real. Es la magia —eso que te cuesta definir con palabras— con la que has conseguido muchos de los sueños que considerabas inalcanzables. Repite el ejercicio que hiciste con el guerrero. Tómate el tiempo que necesites.

A. La parte de mi cuerpo donde guardo a mi mago/maga es...

B. El color de mi mago/maga es el...

C. Mi mago/maga huele a...

D. Este es el sonido de mi mago/maga *(quizás sea un susurro, solo tú lo sabes; hazlo).*

Todos tenemos la intuición para identificar nuestros imposibles. Todos tenemos los "poderes" para desafiarlos. Usa tu magia.

3. El amante

Este el arquetipo de la pasión, y no debería reducirse tan solo al deseo o a la atracción que sentimos por otras personas; el amante es la fuerza que usas para hacer lo que más te gusta: escribir, saltar en un concierto, nadar, cuidar a los demás, dar un buen consejo, correr ultramaratones, generar una nueva tabla de Excel —hay gente, como yo, que lo disfruta—. Detrás de esa gran pasión está tu amante. Volvamos a las preguntas.

A. La parte de mi cuerpo donde guardo a mi amante es...

B. El color de mi amante es el...

C. Mi amante huele a...

D. Este es el sonido de mi amante *(tal vez sea el estribillo de una canción)*.

Es el amante con el que te guías en esos momentos en los que, tarde en la noche o incluso en la madrugada, mientras escribes tu novela, creas tu plan de trabajo, le das las pinceladas finales a tu presentación financiera o terminas de pintar las paredes de tu nueva pastelería que abrirás mañana, pareciera que tu energía es inagotable. Es la pasión más pura.

4. El rey

Con este recuerdas que tienes las cualidades y las capacidades para gobernar el reino más preciado: tu propia vida. Cada uno de nosotros debe asumir la responsabilidad de convertirse en dueño y soberano de sus decisiones, sus elecciones y sus emociones. No eres el rey inútil o la reina de adorno que solemos ver en las películas, no miras de lejos la revolución que se genera en la aldea debido a tu falta de gestión, eres un rey o una reina que abre el camino con sus propias manos, que orienta y le da el ejemplo a su aldea. Y serás el monarca más preciado cuando comprendas la diferencia entre lo que puedes "controlar" y lo que no en tu reino interior. No puedes controlar la lluvia que empapa tu traje, o la muerte de un ser amado, o la puesta del sol. Y sí puedes aprender a orientar tus emociones para decidir cómo sentirte ante situaciones incómodas, dolorosas o inevitables como las anteriores.

Llovió, te mojas. Los carros que pasan a tu lado te salpican con agua de alcantarilla, tu traje pesa y apesta a humedad, es algo incontrolable. Te sientes furioso por eso. Con un poquito de soberanía sobre ti mismo, en esa misma situación que se sale de tus manos, podrías entregarte sin oposición a lo que sucede, aceptar la lluvia (que no será eterna, pasará) y comprender que tu histeria no la detendrá. Mejor, respira y, ya que estás mojado y no hay pronta solución, salta entre los charcos como cuando eras niño, cambia el estado de resistencia mental; mañana mandarás el traje a la tintorería. Puedes "controlar" cómo sentirte ante lo que no controlas.

A. La parte de mi cuerpo donde guardo a mi rey/reina es...

___

B. El color de mi rey/reina es el...

___

C. Mi rey/reina huele a...

___

D. Este es el sonido de mi rey/reina (*quizás sea un susurro que imita el blandir de una espada en el aire*).

Cada vez que necesites fortaleza, creatividad, pasión y decisión para continuar con el sueño o el proyecto que buscas realizar, recuerda al guerrero, al mago, al rey y al amante que viven dentro de ti. Para activarlos solo necesitas cerrar los ojos, inhalar y exhalar con calma, de manera profunda, y tocar la parte de tu cuerpo que guarda la energía del arquetipo que deseas despertar.

Imagina, por ejemplo, que estás trabajando en una presentación, una propuesta o una nueva estrategia que requiere de manera decidida de tu creatividad. Entonces necesitarás la maestría de tu mago, actívalo de esta manera.

A) Pon tu mano derecha o izquierda, o ambas —como te sientas más poderoso— sobre la parte de tu cuerpo donde se halla tu mago.

B) Cierra los ojos.

C) Inhala y exhala lentamente.

D) Mientras inhalas y exhalas suavemente trata de visualizar el color de tu mago, de recordar su olor. Siente su capacidad creativa y su habilidad para encontrar nuevas soluciones. Quédate un par de minutos en ese estado de contacto interior con él.

E) Muy bien, ya lo has activado. Abre los ojos y vuelve a la tarea que debes completar (tienes la magia de tu lado, úsala).

El enfoque y los jitomates

Además del sueño y la alimentación, otra forma de recargar baterías es a través de prácticas tan sencillas y valiosas como el deporte, la respiración y el descanso. Si te gusta correr, como a mí, habrás notado que incluso en aquellos días en los que sales de la cama agobiado, con pereza y algo de bruma mental, después de trotar —o jugar al tenis, o meter un gol, levantar 1 000 kilos o pedalear un rato— te sientes de mejor ánimo y con más fuerzas para enfrentar el día que tienes por delante. Es un principio básico, al usar tu energía atraes más energía, la activas, la llamas, la mueves. Del lado opuesto, si te quedas inmóvil en el colchón viendo decenas de inservibles videos en tu celular, estarás perdiendo esa energía (o llenándote de mala energía).

Cuando te regalas unos minutos (dos, tres, cinco, diez, los que quieras) de respiración consciente a lo largo de tu jornada también estarás permitiendo el constante fluir energético. Cuando respiras a tu antojo y controlas cada inhalación y exhalación, alargándola o acortándola, de manera casi inaudible o con un leve zumbido desde la garganta, tendrás mayor concentración, claridad y enfoque. Paz mental. Y esa paz es energía. La misma que estará a tu disposición si cuentas con una buena higiene del sueño.

Comer bien, entrenar y respirar, son las tres formas más simples de energizar tu cuerpo. En los estados de energía elevada, tu rendimiento será incombustible, sin embargo, como cualquier batería del mercado, tu *power* tiene un límite. Conservar esa reserva energética, saber dosificarla, es uno de los grandes desafíos que enfrentamos todos los que soñamos con superar nuestros imposibles. Es importante entender cuándo, cómo y en qué usarla.

Es cierto que cada uno de nosotros, de acuerdo con su oficio y su personalidad, ha ido descubriendo en qué momento del día es más productivo, en qué instante está trabajando en modo avión y cuál es la mejor hora para irse a dormir —a esto se le llama cronotipo—. Yo no soy un madrugador compulsivo, tampoco un miembro activo de *El club de las 5 de la mañana*, el libro y la metodología creados por Robin Sharma. Empiezo mi trabajo en la jornada matutina (después de haber dormido bien) y, a medida que el día va avanzando, me siento más activo y cómodo. Quizás tú seas uno de esos búhos que reina en la noche. Cada quien con lo suyo. Todos somos diferentes.

A pesar de esas diferencias, suelo llevar mi vida atendiendo la naturaleza de nuestro ciclo circadiano, ese viejo reloj biológico que desde épocas remotas nos despierta con los primeros rayos del sol y nos invita a descansar cuando este se oculta, marcando dos momentos muy claros: una etapa iluminada de gran actividad consciente, y otra etapa en penumbras, de reposo y reflexión, aunque nuestro organismo siga trabajando cuando estamos dormidos. Así vivieron mis antepasados. Y así vivo yo, con un poco de Netflix o la compañía de un pódcast en alguna noche de inquietud.

Siguiendo ese "ritmo", que tal vez tú compartas, mi mayor momento de enfoque lo consigo en las mañanas, después de ejercitarme y dar las gracias por seguir en esta ultramaratón de la vida. Por eso, si tienes un cronotipo diurno, no desperdicies esos primeros instantes de claridad revisando noticias absurdas en tu móvil o contestando correos que, seguramente, podrás responder más tarde. Usa esos minutos de "foco" para resolver las tareas más complejas de aquel día. Tu cerebro está fresco, tus ideas fluyen, el teléfono no suena, es probable que medio planeta aún duerma, y ahí estás tú, en soledad, exprimiendo cada neurona para seguir construyendo tu sueño. Nada de WhatsApp. Desactiva las notificaciones (y, por cierto, hazlo de manera permanente; estas solo sirven para distraerte o intentar que compres algo que no necesitas). Activa el modo "estoy conmigo". Quédate contigo.

Entrégate con plenitud a tu tarea más importante de ese día. ¿Durante cuánto tiempo deberías hacerlo? Hay diversas teorías. El canadiense Robin Sharma propone trabajar durante periodos de 60 minutos y luego descansar 10. Yo, por mi parte, pongo en práctica la conocida técnica Pomodoro creada por el ingeniero informático Francesco Cirillo. Su método, ideado a finales de los ochenta, se puso en práctica en todo el mundo al finalizar la década siguiente, alejó a millones de personas de la procrastinación y elevó la productividad en las empresas.

La propuesta del italiano es sencilla: trabajar en estado de máxima concentración durante 25 minutos. A ese periodo de tiempo lo denomina "*pomodoro*" (jitomate, en español), y luego hacer una breve pausa de entre tres y cinco minutos para permitirle un reposo a nuestro cerebro. Cuando acumulamos cuatro pomodoros (cuatro periodos de trabajo de 25 minutos), lo que sugiere Cirillo es que nos tomemos un descanso más largo, de entre 15 y 30 minutos.

Para que la técnica rinda sus frutos, será muy importante que te comprometas a no hacer trampas y a respetar tus "jitomatitos". Como lo recuerda el exigente Francesco, el pomodoro es una unidad indivisible, en este flujo de trabajo no existe el concepto de "medio o un tercio de pomodoro". Si interrumpes tu trabajo antes de esos 25 minutos, tu jitomate no existe; así que vuelve a comenzar hasta completarlo. Y si te consideras *workaholic*, te aviso que tampoco se vale alargar el pomodoro. Un pomodoro es un pomodoro y se acabó la discusión. Emplea los descansos breves de entre tres y cinco minutos para respirar de manera consciente, pararte de la silla, hacer un par de flexiones de pecho, tomar agua, hacer una secuencia breve de peso con tus mancuernas o alguna postura básica de yoga.

Sin embargo, haz las pruebas pertinentes, revisa cuál metodología te funciona mejor. Tal vez un día, dependiendo de las tareas pendientes, te sientas más cómodo con el 60/10; y dos días más tarde, cuando tus ocupaciones requieren otro tipo de concentración, te pases al universo pomodoro. Son solo ejemplos, referencias, no una camisa de fuerza.

En mi día a día también me resultan muy prácticos los "bloques de tiempo", periodos determinados, no muy extensos, que utilizo para responder correos electrónicos, mensajes de WhatsApp y devolver llamadas. Yo elijo cuál es el momento indicado, de acuerdo con mis ocupaciones, para hacerlo. Tú también lo puedes hacer.

Rodéate de gente que sume

No sé si lo has vivido. A veces te sientes activo, poderoso, vital, sales a tomarte un café o a cenar con alguien de tu círculo cercano y luego regresas triste, de mal humor, o con una extraña sensación de cansancio y agobio. Notas que tu batería está casi agotada sin una razón aparente y no entiendes el motivo de ese bajón. A mí me sucedía con frecuencia. Y tardé años en comprender que, al estar en compañía de ciertas personas, mi alegría se esfumaba, mi ánimo decaía y mi optimismo entraba en duda. Sin saberlo, había estado tomando un café, brindando, o cenando, con un "vampiro energético". Algo similar ocurre al contrario: quedas con una amiga o tienes una reunión con un nuevo cliente y quedas como electrizado, empoderado, radiante. A esas personas les llamo centrales energéticas. Y no es que unos sean malos y otros buenos o que tengan la intención de quitarme o darme energía. A veces es algo sutil, prácticamente químico e imperceptible que ocurre cuando la energía de alguien se mezcla con la nuestra.

Independientemente de la ciencia detrás de esto, lo que me interesa decirte en este apartado es que, en el camino de conseguir tus metas, es muy importante que tengas claro quién te da y quién te resta. No solo a nivel material y práctico, sino energético. Yo tengo mi propio método para diferenciar los dos tipos de personas. Tiene poco de sorpresa, algo de estadística y mucho de observación. ¿Quieres saber lo que hago? ¿Quieres hacerlo tú?

Elaboro una simple tabla de Excel donde incluyo los días de la semana, la gente con la que me reúno en cada uno de ellos y una pequeña anotación numérica, positiva o negativa, de uno a cinco. Por ejemplo, el lunes en la mañana me vi con A, me sentí muy bien, puse un +3. En la tarde tuve una reunión inútil con Y, puse un -2. El martes almorcé con W, fue un momento muy grato, le di un +4. El miércoles estuve un par de horas con L y me sentí como Superman abrazando una montaña de kriptonita, -5. Y así sucesivamente. Al llevar el registro durante varias semanas empecé a establecer mi propio conteo energético. Noté que con ciertas personas del listado siempre o casi siempre terminaba en saldo negativo. Empecé a verlas menos, a no verlas, o a restringir mi tiempo con ellas, y mejoré mi estado de ánimo y mi energía vital.

Es algo muy obvio y, a pesar de su obviedad, no lo vemos, ¿para qué pasar la vida rodeados de gente con la que nos debilitamos y limitamos? ¿Por qué no compartir más tiempo con quienes nos sentimos motivados, queridos e incluso retados? Con ellos nos llenamos de fuerza. Solo que, y jamás lo olvides, tú, a partir de lo que construyes, lo que creas, lo que crees, lo que te dices y lo que eliges a diario, siempre serás tu fuente energética más valiosa.

Y en aquellas circunstancias en las que no puedes elegir y no te puedes alejar fácilmente, porque el vampiro es tu jefe o un familiar muy cercano (tu hermano, tu madre, tu primo el Nano), lo importante es que aprendas a guardar las distancias y a manejar la situación de manera muy cortés. Activa tu armadura invisible.

Y, al revés, cuando busques formar un equipo para lograr tus metas, busca gente con la que te hagas más fuerte, que te enseñe, que sea capaz de decirte que te estás equivocando o estás obrando como un idiota, gente que te arrope, que te aliente, que te sume energía y sonrisas, gente que te quiera y sume a tus metas.

Familiarízate con tu energía vital

Independientemente de que tu objetivo sea deportivo o no, para lograr cualquier cosa que te propongas es indispensable que tu cuerpo esté en óptimas condiciones. ¿Por qué? Porque él es tu vehículo, la máquina que te permite materializar cualquier cosa en este mundo y te provee de energía vital. Esta última es, nada menos ni nada más, que tu gasolina; la fuerza que te permite desempeñarte idóneamente en todo lo que haces. Por esa razón, he querido incluir un par de apartados en este capítulo que te ayuden a hacerte consciente de tu energía vital y cuidar del cuerpo que día a día te la entrega.

De acuerdo con las enseñanzas de la medicina tradicional china, cada uno de nosotros debe cuidar el cuerpo y la mente para que, a través de nuestro ser, jamás se interrumpa el "flujo de energía vital", o *qi* (se pronuncia "chi"). Cuando este se estanca, nuestro organismo entra en un desequilibrio y nos cuesta llevar a buen término lo que nos hemos propuesto. Incluso nos sentimos confundidos o en un estado de pausa; vivimos en un permanente *standby*.

¿De dónde proviene esta fuerza? Desde la perspectiva biológica, la fuente primaria de energía celular es el ATP (adenosín trifosfato), que se crea a partir de la glucosa que obtenemos de los alimentos que consumimos. En otras palabras, tus decisiones nutricionales definen, en gran medida, el estado de tu energía vital. Si eliges mal, tus reservas energéticas estarán bajas. Si eliges bien, tu batería corporal tendrá suficiente carga. Por eso es tan importante cuidar qué comes y entender cómo mezclar de manera adecuada los tres macronutrientes básicos: los carbohidratos (entre ellos se cuentan los vegetales), las proteínas (provenientes de fuentes animales o de plantas) y las grasas saludables (como el aceite de oliva, el ghee, los frutos secos o el aguacate).

Yo no soy nutricionista y, por supuesto, no soy una autoridad en este tema, así que no pretendo darte recetas o dietas en este apartado. Lo que quiero es que comprendas la importancia de tu nutrición en la consecución de tus metas. Incluso si estas no son deportivas y no tienen, aparentemente, nada que ver con el cuerpo. Estar bien alimentado es clave para que tu cerebro rinda al 100 %. ¿Y qué es estar bien alimentado? En términos generales, según toda la información que he podido recabar y mi propia experiencia como deportista extremo, la mayoría de nutricionistas coinciden en este principio básico:

Se sabe que, en términos generales, una buena alimentación debe ser lo más diversa, balanceada y colorida posible. Se deben evitar los alimentos procesados e incluir una buena porción de proteína, sea vegetal o animal, acompañada de abundantes vegetales y grasas saludables.

Hay decenas de médicos funcionales o de nutricionistas, de diversas vertientes, que pueden confirmarte lo que acabas de leer.

Durante décadas nos han dicho que, si nos sentimos "bajos" de energía, lo ideal es consumir de inmediato harinas, panes, dulces, cereales o juguitos de caja y preparaciones azucaradas. Aunque es verdad que con todos los anteriores conseguiremos un aporte calórico que provoca la ilusión de "recarga", es mejor ignorar ese consejo porque, a largo plazo, la ingesta repetida de azúcar para levantar el ánimo terminará extenuando el organismo. Será una tortura para la insulina, la hormona encargada de regular el nivel de glucosa en nuestro cuerpo, que se verá desbordada por la avalancha almibarada. Si ella pierde la batalla, si se funde por el exceso de trabajo, nuestro metabolismo sufrirá las consecuencias y tal vez entremos al equipo de la prediabetes o a la liga de la diabetes tipo dos.

El mundo actual sufre de una deficiencia crónica de energía vital porque, si vamos a la raíz del problema, cada día nos alimentamos peor. Somos la novedosa sociedad de los ultraprocesados, de la comida falsa, la de los paquetes de papitas fritas y pastelitos; la de los productos congelados listos para meter al microondas. Y, como lo ha dicho mil veces la periodista argentina Soledad Barruti, autora de *Malcomidos* (2015), "es el camino perfecto para el desastre. Hemos perdido la relación saludable con la comida, y con ella perdemos la capacidad de escuchar nuestro cuerpo y entender qué nos hace bien [...] los ultraprocesados son adictivos y saturan los sentidos; terminas tan acostumbrado a ese exceso de estímulos que pruebas verduras y no te saben a nada". Tenemos que volver a la comida de verdad. Es apenas lógico, ¿no te parece? Si consumes alimentos "vivos" (frescos, sanos, naturales) tú estarás más viva, más vivo. Si consumes alimentos "muertos" (ultraprocesados) solo estarás llenando la panza y preparando una próxima visita al hospital.

¿Lo dudas? Deja una rebanada de pan industrial o una porción de cereal procesado en la alacena y observa qué sucede con ellos con el paso del tiempo. Al cabo de una semana lucirán tal como los dejaste. Tres semanas más tarde, lo mismo. Dos meses después: ¡siguen intactos! No se descomponen. Son productos falsos, comestibles de diseño, ni los hongos crecen en ellos.

Cuando necesites una recarga energética proveniente de tus alimentos, recuerda lo siguiente:

1. Las harinas, las mieles, los jarabes, las mermeladas y el azúcar son las fuentes de energía más veloces y a la vez las más perjudiciales y baratas. Su efecto produce una elevación riesgosa de la insulina y su "pila" dura poco. Es decir, cada cierto tiempo tu cuerpo estará pidiéndote más y más, hasta crear un círculo vicioso. Limita su ingesta.
2. Si tu metabolismo está en buen estado y no sufres de trastornos mentales, con un *shot* de cafeína en la mañana —jamás en la tarde, peor en la noche— potenciarás tus niveles de energía. Este componente lo hallarás en el café, por supuesto; en los tés rojos, negros, azules, verdes y el matcha. Aunque

también se encuentra en las gaseosas oscuras, no las consumas porque, más que cafeína, recibirás azúcares o endulzantes, es decir, energía barata. Si tienes trastornos de ansiedad diagnosticados, limita o evita la ingesta de esta molécula, porque cada vez que la lleves a tu cuerpo activarás tu adrenalina y podrías despertar la famosa respuesta de defensa o huida (*fight or flight*) de tu sistema nervioso autónomo —que solo debería encenderse cuando enfrentas una situación de real peligro—.

3. No caigas en la trampa de las bebidas energizantes, estas no serán una buena carga para tu batería y sí pueden ser el inicio de un infarto.
4. La fuente energética más estable se encuentra en las grasas saludables. Tu cuerpo tardará un poco en usarlas como combustible —primero agotará la glucosa proveniente de los carbohidratos—, solo que estas sí que son reservas duraderas. Un batido de leche de almendras o de coco, con dos cucharadas de crema de anacardos y una medida de tu proteína en polvo favorita —sin azúcares añadidos—, por ejemplo, es una bebida energizante muy fiable.

Cuidar lo que comes es cuidar lo que piensas, lo que haces y lo que sueñas hacer. Cuidar lo que comes es garantizarle a tu cuerpo y a tu mente la mejor fuente de energía vital.

Duerme, y hazlo bien

Se estima que un ser humano pasa la tercera parte de su vida dormido. Y mientras algunos promotores de la acción eterna sugieren que dormir es una pérdida de tiempo y de dinero, yo cada día agradezco más los beneficios de un sueño reparador. Thomas Alva Edison, por ejemplo, pensaba que dormir era un hábito poco recomendable porque frenaba la productividad; Nicola Tesla dormía poquísimo porque su obsesión era el trabajo, y Napoleón Bonaparte decía que dormir ocho horas era para los tontos. La ciencia derriba sus teorías y nos pide que no sigamos sus hábitos. Dormir es la gloria. Más que eso, es indispensable, sobre todo, para alcanzar tus metas. Dormir plácidamente te recarga y le permite a tu cerebro estar en óptimas condiciones para afrontar cualquier reto que pueda aparecer en el camino. Si necesitas energía cada día para ponerte en marcha, dar el paso y navegar hacia los peces grandes, vivir en un constante déficit de sueño solo te alejará de la meta porque sentirás que tu batería se agota en pocas horas. Tu energía vital no fluye si no le das al cuerpo el descanso que merece. Probablemente ya cuentas con parte de esta información, solo quiero recordártela porque dormir bien es un factor clave en el entrenamiento de tu cuerpo y mente cuando quieres lograr un objetivo.

La mayoría de los expertos coinciden en que deberíamos dormir, al menos, entre siete u ocho horas diarias. Un periodo de tiempo en el que nuestro organismo no se detiene. Mientras habitamos el reino de Morfeo, se llevan a cabo decenas de importantes procesos mentales y corporales. Al dormir, nuestras células comienzan a restaurarse, los músculos que forzaste y rompiste en el gimnasio se reparan, los tejidos crecen, se lleva a cabo la síntesis de proteínas, el hígado se deshace de las toxinas, las neuronas se reorganizan y el "equipo de aseo general" se encarga de limpiar el cerebro de toda la basura que acumuló en su periodo consciente. Dormir bien permite que hormonas tan relevantes como las tiroideas, el cortisol, la insulina, la melatonina, la leptina y la grelina, entre otras, cumplan su labor favorablemente; o que neurotransmisores como la serotonina (tan decisiva en nuestra sensación de felicidad) mantengan sus niveles apropiados.

La privación de sueño erosiona tu organismo. Si no duermes bien, no tendrás el foco que requieres para las tareas más demandantes, tu sistema inmune no te podrá defender del ataque de los virus, las bacterias y hasta el piquete de un inofensivo zancudo te provocará una fuerte infección. La inflamación crónica, la madre de todos los grandes desastres corporales, crecerá dentro de ti de manera silenciosa. Sufrirás las consecuencias del estrés percibido (el mental) y el físico (el del cuerpo). Tu motor vital se va a recalentar y terminarás en el "taller", en una cama de hospital, debido a alguna afección cardiovascular o cerebral. Y tendrás que escuchar el sermón de un doctor enojado que te dirá lo irresponsable que has sido por no respetar tu sueño. El científico inglés Matthew Walker lo escribe, enfático, en su libro *Por qué dormimos* (*Why We Sleep*, 2017): "Cuanto menos duermas, más corta será tu vida. La vieja máxima de 'ya dormiré cuando esté muerto' es, por tanto, desafortunada. Si adoptas esa mentalidad, morirás antes y la calidad de esa vida (más corta) será peor".

De acuerdo con las cifras de la OMS, cerca del 40 % de la población mundial duerme mal. Y, como lo advierte un informe del American College of Cardiology, hasta un 8 % de las muertes globales podrían tener relación con los desórdenes del sueño. Dormir no es un deporte para vagos, dormir es uno de los mejores medicamentos contra la fatiga, la falta de concentración, los trastornos mentales (como la depresión o la ansiedad), las patologías cardiacas o la diabetes. Por eso el temor de Edison carece de fundamentos, las horas de sueño no reducen la productividad, todo lo contrario, la fomentan. El desempeño de un obrero de la construcción, de un maratonista, un político, un médico, un cajero de banco o un lobo de Wall Street, será mejor si ha dormido bien.

En resumidas cuentas, dormir es un proceso muy activo y sanador. Cuidar nuestro sueño, como lo afirma la psiquiatra española Marian Rojas Estapé, es cuidar "el pegamento que mantiene unidas las fibras de nuestra estabilidad psicológica".

Ahora, ¿cómo puedes dormir mejor? ¡Revisando tus hábitos y rutinas diarios! Aquí, algunos tips:

CÓMO DORMIR MEJOR

- ✓ Modera el consumo de cafeína (presente en el café, los tés, las gaseosas oscuras, las bebidas energizantes) y no la ingieras después del mediodía; a mí me ha dado buenísimos resultados. Esta sustancia, de acuerdo con las investigaciones recientes, podría permanecer hasta 10 horas en tu cuerpo. Por eso, si perteneces al equipo de quienes afirman: "¡Nada como un cafecito para dormir bien!", es mejor que revises tu funcionamiento orgánico con un especialista.
- ✓ Deja pasar al menos dos horas después de cenar antes de irte a dormir. De esa manera,

al dormirte tu cuerpo no estará ocupado con las labores digestivas más complejas. *Nota:* encárgate de que tu cena sea ligera, contenga todos los nutrientes necesarios y no haya en ella sobrecargas de carbohidratos ni ultraprocesados. Si quieres un buen reposo no será una buena idea tragarte tres pedazos de pastel de chocolate con helado de yogur. ¡Y nada de alcohol!

✓ Acuéstate a la misma hora, al menos en los días laborales. El cerebro aprende a fuerza de reiteraciones. Si repites y repites la rutina cada noche, al ver la cama tu mente dirá: "¡Ey, qué bueno, a dormir!".

✓ Deja descansar tus ojos de la luz azul de las pantallas de la computadora, el celular y la televisión al menos una hora antes de irte a la cama. Como lo recuerda el doctor Sebastián La Rosa: "La luz azul es a los ojos lo que el ladrido de un perro cercano es al oído, impide producir melatonina y aumenta el cortisol, la hormona del estrés". Carga tu teléfono celular en otra habitación o al menos aléjalo de tu cama.

✓ Revisa que las cortinas, las persianas o el *blackout* te brinden la oscuridad necesaria. Dormir en una habitación iluminada te alejará del descanso que mereces.

✓ Toma una relajante ducha caliente antes de tumbarte sobre el colchón. No es necesario que sea muy larga.

- ✓ Cuida la temperatura de la habitación, los estudios indican que será más fácil conciliar el sueño en un ambiente de entre 18 y 20 grados Celsius; hay quienes se sienten mejor en una atmósfera más fría. Revísalo, encuentra la temperatura con la que te sientas más cómodo.
- ✓ Haz algún ejercicio de respiración, de agradecimiento, una lectura inspiradora, o una breve meditación, antes de intentar desconectarte del mundo.
- ✓ Ten una rutina de entrenamiento físico diaria (preferiblemente en la mañana). Ese esfuerzo matutino será muy benéfico para dormir bien en la noche.

8

Diseña un plan y atrévete a dar el primer paso

Hace poco coincidí en una cena con un gran empresario del Congo, quien me hizo reflexionar sobre una de las cualidades principales que debemos tener, lo que yo llamo "intentadores" —sé que la palabra no está en el diccionario, no te preocupes, aquí tenemos nuestro propio vocabulario—. "Millán —me dijo—, **para realizar nuestros proyectos necesitamos tres cosas principales: la idea, el dinero y, por último, la capacidad de llevarlos a cabo. Las ideas buenas abundan, el dinero también, sin embargo, el problema que enfrentamos hoy es que cada vez hay menos personas capaces de ejecutar, capaces de hacer y concretar**".

Esa noche no pude dormir. En la cama recordé varias experiencias que eran un retrato exacto de lo que él me había dicho, las había vivido en mi época de funcionario público. Se proponía una idea brillante, se conseguía el dinero y luego todo se quedaba, textualmente, en el papel. El dinero se invertía pagándoles a ciertos expertos internacionales que entregaban unos bellísimos informes respaldados por bellísimos gráficos y tablas de Excel. Sus estudios tenían las instrucciones sobre cómo, supuestamente, se debía hacer el proyecto. Aquellas propuestas hechas desde el escritorio nunca servían. Y al final nadie ejecutaba.

Lo enfrentamos a diario en todos los campos. La "tribuna" opina, critica, dice que todo es fácil y que podría hacer *eso*, lo que sea —anotar un gol, construir un puente, escribir un libro, liderar un proceso de paz, componer un disco—, muchísimo mejor que los demás. El problema es que *nadie* lo hace. Como digo a menudo, es muy fácil estar en el equipo de los críticos de sofá. Ellos se comen sus papitas fritas mientras miran, opinan y destruyen y no hacen nada. "Millán, ¿por qué te sientes orgulloso de haber corrido en la Antártida si ni siquiera obtuviste una medalla?", me preguntaban los críticos de sofá. Siempre les recordaba, con cortesía, que yo lo había hecho y ellos ni siquiera lo habían intentado.

Había tenido el sueño (la idea), había conseguido el dinero y había terminado esos 100 kilómetros en el hielo (cumplí el imposible, lo hice posible). Eso es ejecución. Y de eso tratan estas últimas páginas de nuestro método.

Me lo repitió varias veces aquel empresario: "Millán, las personas más valiosas, las más buscadas, serán aquellas que sepan ejecutar". Tú vas a ser una de ellas. Puede que la idea no sea tuya, alguien la tuvo por ti. Puede que no tengas el dinero, alguien podrá dártelo. Solo tú puedes concretar lo que te has propuesto, es tu obligación, es tu tarea y, finalmente, ¡es tu sueño! No lo necesitas perfecto, lo necesitas terminado. ¡Termínalo!

Cada vez más, la gente toma cursos sobre cómo empezar su emprendimiento, solo que empezar no es el mayor problema. Lo que más cuesta es mantenerse (creer en el proceso y no desfallecer) y ejecutar. No puedes ordeñar una vaca si no vas y la ordeñas. Puedes ver mil tutoriales, escuchar mil pódcasts sobre cómo tus manos deben presionar sus ubres, leer mil instructivos al respecto, y te ayudarán, te darán mucha información, sin embargo, si no vas al establo a ordeñarla, no has hecho nada. Te di ese ejemplo porque me recuerda la formación que recibí en Zamorano, donde aprendíamos la teoría en el aula y la aplicábamos en la granja, y porque quiero decirte que la ejecución la aprendes al ejecutarla, es decir, la real manera de aprender a hacer es haciendo. No hay otra forma.

Te lo pueden confirmar un cirujano, un escalador, un chef, un escritor, un astronauta o un minero. Si quería ser un corredor del desierto no me bastaba con entrenar en la playa, tenía que viajar al Sahara. El problema es que muchas veces no hacemos las cosas sino hasta que creemos que podemos hacerlas. Esperamos a que se alineen los astros y todas las condiciones estén dadas, para subirnos al caballo, cuando en realidad el momento perfecto no existe; lo haces tú.

El momento perfecto no existe

Recuerdo que un joven me decía en uno de mis talleres: "Muy bien, Millán, entiendo lo que quieres explicarnos, hay que vencer el miedo, hay que dejar de lado la procrastinación, hay que dar el paso, solo que no me queda claro cómo". De la misma manera en la que aprendes a cabalgar, le respondí. Te subes al caballo, te aseguras en la silla y al galope te vas acomodando. "Me puedo caer, Millán. ¿Qué pasa si me caigo?". Y en ese momento recordé lo que me había dicho mi madre años atrás.

—¡Te vuelves a levantar!

No hay otra forma. Te levantas, te sacudes el polvo, te montas en el caballo y esta vez será diferente porque, aunque te tumbe nuevamente, entre el tiempo que estuviste cabalgando y la caída, aprendiste algo. Además, has perdido el miedo. Todos aprendimos a caminar después de darnos varios trancazos contra el suelo. Lo mismo sucederá cuando des el primer paso hacia tu proyecto imaginado. Para hacerlo real necesitarás atrevimiento, decisión, paciencia, perseverancia, confianza, enfoque, resistencia y, aunque suene contradictorio, un poco de ingenuidad, de espíritu inocente para creer que puedes llevarlo a cabo.

Sin esa ingenuidad, yo no habría llegado jamás a competir en la Patagonia. La ignorancia, si quieres llamarla así, me puso ahí. Mi espíritu inocente me trajo nuevos y grandes amigos y maestros en esa carrera. Mi atrevimiento, mi convicción, mi perseverancia me llevaron a la meta. No necesitas haber nacido en Kriptón o haber sido mordido por una araña radiactiva para convertirte en un superhéroe, necesitas atrevimiento y recordar que dentro de ti tienes todos los recursos para conseguirlo.

Tras la euforia de definir tu meta y visualizar cómo vas a alcanzarla, usualmente llegan los miedos y los interrogantes. ¿Cuál es el primer paso? ¿Hacia dónde voy? ¿Realmente es posible? Así se comporta nuestra cabeza pensante. Para cada logro tendrá una duda. Por eso es necesario darle certezas. Y las encontrarás trazando un plan. Ya lo dijo el científico y diplomático estadounidense Benjamin Franklin (1706-1790): "Si fracasas en planear, estás planeando fracasar". Te sugiero reflexionar sobre esta frase del inventor del pararrayos.

Tener un plan te ayuda, te obliga a organizarte y a seguir una dirección determinada. ¿Qué es un plan? Sería como saber hacia dónde van tus pasos, cómo, cuándo y cuál es la razón para darlos y qué recursos requieres para seguir andando. Ese plan, como lo indicó uno de los padres de la gestión empresarial, el estratega austriaco Peter Drucker (1909-2005), requiere de unos objetivos claros, sin embargo, no es una hoja de ruta inmutable. Todo lo contrario, es una guía que debe someterse a revisión constante. El plan puede y debe ser flexible y reorientado cuando haya lugar.

De todas formas, no le entregues todo el poder ni deposites todas tus esperanzas en el plan, porque este, inevitablemente, va a fallar. En algún punto flaqueará. No planeas para seguir de manera exacta y secuencial cada punto que creaste con la ayuda de Excel, el procesador de texto, y que luego diseñaste en Canva o convertiste en una colorida presentación de Power Point o Keynote. Muy valioso tu esfuerzo, muy bonito el resultado. Muy estético tu plan. La vida no funciona así. No la puedes controlar con tus guapos archivos de computadora. Y es en este instante cuando los participantes de mis seminarios (y seguramente tú) me dicen: "Millán, primero nos pides que hagamos un plan y luego nos cuentas que el plan va a fallar; entonces, ¿para qué trastes perdemos nuestro tiempo en ello?". No te equivoques, nunca será una pérdida de tiempo. Vuelvo al inicio del planteamiento, **hacemos un plan para darle a nuestro cerebro las certezas que necesita.**

El plan es maravilloso, y cuanto más detallado sea, fantástico. Lo importante es entender que todo eso que proyectaste en el papel puede irse al cuerno cuando lo estás ejecutando. No hay un solo plan maestro. El plan, cada día, lo estás modificando. Y lo reitero, aunque tengas las estadísticas, las proyecciones, las cifras y todos los análisis de tu lado, en algún punto tu plan se vendrá abajo. En casos más extremos, a pesar de contar con uno, ni siquiera lo usarás. Las circunstancias te forzarán a concretar tu meta de otra manera. **En resumen, debes tener un plan, debes saber que puede fallar y debes ser capaz de seguir adelante con los remiendos de aquel plan, o creando uno nuevo mientras caminas.**

Ese fue uno de los grandes aprendizajes que le dejó la experiencia bélica al general Dwight D. Eisenhower (1890-1969). En 1944, durante la Segunda Guerra Mundial, cuando ya ejercía como comandante aliado supremo de las fuerzas aliadas expedicionarias, seguía con precisión el *plan* para derrotar a los batallones alemanes que controlaban la geografía francesa. De acuerdo con su hoja de ruta, el 5 de junio, en un despliegue marítimo sin precedentes, sus tropas debían desembarcar en las playas de Normandía para dar inicio a la operación Overlord, que buscaba darle un golpe letal a la ocupación nazi.

La planeación de esta operación anfibia había sido revisada, corregida y repasada una y otra vez. Sin embargo, al llegar el esperado 5 de junio, las condiciones climáticas fueron tan adversas que hasta el más optimista de los aliados podía atisbar el desastre. Un capitán escocés, quien era uno de los asesores meteorológicos de la misión, consiguió convencer a Eisenhower de que pospusiera el despliegue de las tropas para el día siguiente. El general dudó, ¡ya había un plan trazado! Habían trabajado durante meses en él. Era la hoja de ruta. ¿Cómo no cumplirla? A pesar del temor, y guiado por su intuición, escuchó el consejo y acertó. El

6 de junio de 1944, un día después de lo que indicaba la planeación sobre el escritorio —que se hizo lejos del campo de batalla y de la realidad climática—, tendría lugar el histórico Día D, el desembarco en Normandía, que sería el inicio del final de las huestes germanas. El mejor plan fue, sobre la marcha y atendiendo las circunstancias, hacer una leve variación del plan. Y con este se ganó la guerra.

Eisenhower, quien se convertiría en el trigésimo cuarto presidente de los Estados Unidos (su mandato comenzó en 1953 y terminó en 1961), habló en varias ocasiones sobre la relevancia y, a la vez, el engaño de la planeación. Una de sus frases más repetidas al respecto es: "Ninguna batalla se ganó siguiendo el plan, sin embargo, ninguna batalla se habría ganado sin plan alguno". Y en una de sus alocuciones más recordadas sobre el tema, que tuvo lugar el 14 de noviembre de 1957, Ike —como lo llamaban sus amigos— evocó una vieja idea que había escuchado décadas atrás, en sus años de formación militar: "Los planes no sirven para nada, aunque la planeación es todo". En su discurso recordaba que, ante una situación de emergencia, "lo primero que debes hacer es buscar todos los planes que están en la repisa más alta de tu estudio, tirarlos por la ventana y comenzar de nuevo. Sin embargo, sin haber tenido esa planeación previa, no podrías empezar el trabajo, por lo menos de manera inteligente".

El gol más hermoso de la historia de los mundiales surgió de una manera similar. Aquel domingo 22 de junio de 1986, en el Estadio Azteca de la Ciudad de México, se enfrentaban en los cuartos de final las selecciones de Argentina e Inglaterra. Era un tenso encuentro porque aún estaban muy vivos los recuerdos de la guerra de Las Malvinas (que empezó y terminó en 1982). Después de anotar un gol con la mano —"la mano de Dios"—, Diego Armando Maradona inventaría una proeza futbolística que cuesta mucho describir con palabras. Partiendo desde su propio campo, metros antes de la mitad de la cancha, el Pelusa comienza una carrera monumental en la que elude a cinco jugadores ingleses y convierte el segundo tanto de su selección. Delirio absoluto.

Esa anotación, como lo ha contado el exfutbolista argentino Jorge Valdano, quien era delantero de ese equipo gaucho que se coronó campeón en México 86, surgió de un cambio de planes. Al final del partido, en el camerino, Diego le contó que su plan fue siempre tratar de sacarse de encima a un par de rivales y pasarle el balón a él, que corría a su lado izquierdo. "Yo te la quería dar a vos, boludo", le dijo el 10. Cada vez que Maradona intentaba lanzar el pase llegaba otro inglés a marcarlo, él fue derribándolos a todos a gran velocidad, nunca tuvo ni el ángulo adecuado ni el espacio para liberar el pase, y de repente tenía en frente al arquero Peter Shilton, a quien también regateó. Al final solo le quedaba disparar al arco y finalizar su jugada imposible. La idea inicial era darle la bola a Valdano. El resultado: una obra de arte. El plan no sirve para nada; la planeación es todo.

¿Por qué no tienes aún un plan?

Cuando hago esta pregunta en mis charlas y clases magistrales, me encuentro, principalmente, con estas cuatro respuestas:

—No tengo tiempo.
—Me da miedo fracasar.

—No cuento con el dinero suficiente.
—Los planes son una camisa de fuerza, yo necesito libertad creativa.

Lo que he comprobado es que, en todos los casos, las personas no llevan a cabo un plan por alguna o todas las siguientes razones.

Tiempo: no conozco tus horarios, no sé cómo es tu vida, quizás tu jornada es muy exigente, sin embargo, siempre vas a tener 10, 15 o 20 minutos para ir a tu cuaderno, tu libreta, tu computadora o tu celular y comenzar a escribir los lineamientos generales de ese plan. Si encuentras 10 minutos en la mañana y otros 10 en la noche, ¡fantástico!, durante el día habrás trabajado 20 minutos en la planeación y al final de la semana (sin incluir el sábado y el domingo, tú decides si los sumas) habrás invertido más de una hora y media en esta labor. Notarás el avance. Lo importante es comenzar, continuar y no detenerte. No requieres de cuatro horas diarias durante cuatro meses o cuatro años para elaborar el plan. Tampoco será necesario un perfecto y decorado documento en Excel. Lo que sí va a ser importante es que tengas tu meta clara. ¡Manos a la obra! Trata de ser lo más específico posible: cuál es el punto de inicio (por dónde comienzas), cómo seguirás avanzando, cuál sería el final de la historia, cómo cruzas la meta.

Miedo: todos sentimos temor al momento de enfrentarnos a un imposible. Y el miedo se convierte en un pretexto para no mover un dedo. Nos acomodamos, entonces, en aquel sillón donde se sientan todos aquellos que señalan a los "intentadores" o a las "intentadoras". Es más fácil criticar que hacer. Si sientes miedo es porque eso que quieres llevar a cabo te despierta emociones. Si te emociona, ¿por qué te niegas a vivirlo? ¿Qué te detiene? ¿El temor a equivocarte y ser el blanco de las críticas? ¿El temor a fallar? Sea cual sea el resultado, siempre te van a criticar.

Recuerdo que años atrás, cuando me invitaban a algún evento público para hablar sobre mis experiencias en el Sahara o la Antártida, ciertos deportistas profesionales que se encontraban entre el público me preguntaban, molestos, cuál era mi mérito, de qué me sentía orgulloso, si ni siquiera había obtenido un lugar en el podio de esas carreras. Era un cuestionamiento interesante que yo solía resolver de la siguiente manera: "Mira, aquí hay dos verdades, la primera verdad es que tú eres un deportista con mayor experiencia y capacidades que yo. ¿Estás de acuerdo con eso? Vale. La segunda verdad es que yo he corrido la Marathon des Sables y los 100 kilómetros de la Antarctic Marathon y tú no. Y muy pocas personas en el planeta hemos terminado las dos competencias. ¿Estás de acuerdo con eso? Vale. Y si yo, que mido 1.61 metros y no soy el mejor atleta del mundo, lo conseguí, imagínate lo que un profesional como tú podría lograr. Sin embargo, y ahí te dejo la pregunta, ¿por qué no lo has hecho?".

Que el miedo no sea tu disculpa de cabecera para aplazar tu objetivo y convertirte en un crítico de sillón. Usa tus miedos como motivadores. Si te tiemblan las piernas, significa que tu reto es grande y representa mucho para ti. Si te tiemblan las piernas y te invade ahora una gran emoción y quizás sientes una nueva energía dentro de ti e incluso hay lágrimas en tus ojos, ha llegado el momento. Vas a dar el primer paso. Y no importa cuántos centímetros mida, será un paso enorme. El paso que lo hace posible y deja de lado el imposible, el que te saca del sofá donde ayer seguías diciendo: "Será mañana, será mañana". Has escuchado a tu alma.

Finanzas: tampoco es necesario que seas un experto en el área financiera para diseñar tu plan. Si te has preguntado cuánto cuesta tu sueño, vas por buen camino. No desistas si no hallas la respuesta en una sentada. Lo más importante es tener un presupuesto estimado; la suma exacta, con todos sus decimales, solo la tendrás al final de la aventura. Y sí, es un tema importante que se puede resolver pidiéndoles ayuda a tus amigos o cercanos que suelen estar familiarizados con el manejo de presupuestos, tomando algún curso corto en internet, o pagando la asesoría personalizada de un especialista. Tal vez sientas que este aprendizaje te quita tiempo, o ralentiza tu proceso; sé paciente. En cuestión de semanas entenderás que esta ocupación nunca te alejó de la meta, todo lo contrario, es una ayuda de largo aliento.

El algún momento del proyecto vas a necesitar una suma de dinero importante, que quizás no tengas disponible en su totalidad, y la única manera de obtenerla será a través de patrocinios, donaciones, préstamos o créditos —sin esos auxilios, mis viajes al desierto o la Antártida no habrían existido—. Asesórate muy bien, asegúrate de poder cumplir con el plan de pagos sin provocar un colapso en tus ingresos mensuales y, cuando des el paso, deja los miedos a un lado y aparta tus sentimientos de carencia. Es solo dinero (un trozo de papel, un concepto, una pila de monedas), un soporte económico que posibilita el sueño. Todos los emprendedores, en algún momento de su proceso, hemos estado llenos de deudas. Firmas que hoy son muy poderosas, como Apple, tuvieron que resurgir de las cenizas para alcanzar su máximo potencial; basta recordar la debacle que sufrió la compañía en los noventa —estuvo a punto de cerrar—, hasta el regreso de Steve Jobs en 1997. Si no asumes el riesgo, jamás sabrás si podías o no lograr lo que tanto has añorado.

Libertad: comprendo lo que piensas al respecto, eres un espíritu libre que trata de hacer todo a su manera y tratas de escapar de los convencionalismos. Muy bien, no pierdas tu esencia, sin embargo, hacer un plan no limita ni coarta tu libertad. Planear no significa crear una camisa de fuerza o un túnel con una sola salida. Este ejercicio te permite reflexionar mejor sobre lo que vas a llevar a cabo, y saberlo te va a librar de pensar y repensar a diario hacia dónde vas. Con el plan ya tienes marcada la ruta, y empleas el trabajo diario en andar el camino. De todas maneras, y aquí va mi "cantaleta": no creas que teniendo el plan ya lograste tu cometido. No te ciñas a él de manera ciega. El plan va a fallar, tendrás que rediseñarlo. El plan está ahí para que demos inicio a nuestro viaje. Él nos da razones para intentarlo.

Los peces grandes

—¿Cuál es tu sueño? —le pregunté a una joven que seguía mi charla con atención y sorpresa.

—Hacer una licenciatura en cine y medios en Yale —me respondió.

—¿Y cuánto te costaría esa carrera? —seguí el interrogatorio.

—¡Un montón de dinero, Millán!

—¿Cuánto? —repetí, ella se quedó en silencio antes de replicar.

—La verdad, no lo sé.

—¿Tu historial académico te permite ser aceptada en Yale?

—Yo creo que sí.

—¿Y cuándo comenzarían las clases?

—No lo sé.

—¿Y cuánto costarían los boletos de tu viaje a Estados Unidos?

—Millán, no lo he mirado. —Y sonrió, se dio cuenta por qué le seguía preguntando sin descanso; luego nos reímos los dos.

Nos ha pasado a todos, no solo a la chica con la que hablé. Decimos "mi sueño es convertirme en ________ (pon aquí lo que quieras: porrista de los Dallas Cowboys, tecladista de Madonna, delantero del Manchester City, físico nuclear, en fin...)". Sin embargo, no hemos hecho ni una sola averiguación en Google para saber cómo lo podemos conseguir. Esa es la gran paradoja: deseamos algo con todas nuestras fuerzas y no somos capaces de dar el primer paso para lograrlo. Respondemos porque nos han enseñado que es mejor decir cualquier cosa que guardar silencio;

como si hablar por hablar tuviera algún valor o te hiciera parecer más inteligente —a mí también me enseñaron lo mismo—.

Si en realidad es tu sueño, si de verdad quieres realizarlo, comienza por lo más básico, saber cuánto cuesta, cuáles son los prerrequisitos, cuáles son las fechas para aplicar, cómo podría ser tu financiación, cuánto tiempo dura (en caso de que sea una carrera o una maestría). ¿Quieres participar en la maratón de Nueva York? ¡Dale, loco, maravilloso! ¿Y hasta cuándo tienes plazo de inscribirte? ¿Y tus tiempos como corredor te permiten ser candidato a ella? ¿No lo sabes? ¿Pensaste que solo necesitabas comprar el boleto y ya? Para lograr lo que quieres vas a necesitar un poco más de orden e investigación. Y solo así dejará de ser un sueño inalcanzable porque empiezas a aterrizarlo

Yo creo en la *acción*, supongo que se lo debo a Rocky, a Rambo y a todas las películas de Sylvester Stallone, un actor y director que marcó mi adolescencia. La acción es parte esencial de tu compromiso. Ahora que has empezado a identificar esas ideas que te detienen, y que son solo eso, ideas, creencias, bla-bla-bla, *actúa*. Que venga el primer paso y quítate esa duda de la cabeza. La única manera de saber si podrás o no concretar tu propósito es actuando. Arrójate al mar (sin olvidar el salvavidas). Y elige un reto grande, uno que te haga temblar las piernas. ¡Sal a pescar!

Si te quedas en la orilla, sintiendo el suave vaivén de la corriente marina en tus tobillos, quizás encuentres algunos pececillos diminutos que te servirán para confirmar que con el mínimo esfuerzo puedes lograr lo que te habías propuesto, pescar algo, lo que sea. Esos serían tus cinco kilómetros, la carrera fácil, la que sabes que siempre podrás completar, la que no te exige nada. ¿Para qué seguir corriendo cinco o 10 si tú, al igual que yo, y como casi todos los que nos rodean, puedes correr 50? Ve por los peces grandes, los que no están en la orilla, ellos te darán las mayores satisfacciones.

Por supuesto, no saldrás tras un pez espada sin antes haber pescado en aguas tranquilas. Tendrás que vivir un *proceso*, vas a necesitar un equipamiento especial, un experto que te enseñe, unas sesiones de aprendizaje, entrenamiento en alta mar, tendrás que reorganizar tu agenda y hacer una inversión económica importante. Y aun así, después de todo el proceso, es muy probable que en tu primera experiencia real el pez espada no aparezca, o se te ría en la cara y escape.

En ese amargo momento, cuando cae el sol y vayas de regreso a casa con la bolsa vacía, recuerda que lo importante no era atrapar al pez espada, lo importante era ir tras él. Eras capaz. Fuiste valiente. Hiciste todo lo necesario para tratar de pescarlo. Tienes una experiencia a tu favor. ¿Cuántos lo han intentado? Muy pocos. Tú fuiste uno de ellos. ¿Cuántos lo han conseguido? Muchísimos menos. En algún momento tú estarás en su equipo. ¿Y qué dicen los que han atrapado el pez espada? Que lo más bello fue pescarlo para dejarlo de nuevo en el mar, y así entender que la recompensa máxima no era el pez, era haber podido concretar el sueño gracias al *proceso* que hubo detrás. Los peces grandes no están en la orilla, y si los encuentras ahí es porque, lamentablemente, llegaron muertos.

Si te has decidido por ir a pescar uno de esos, debes saber que es muy probable que no lo atrapes a la primera. Navegar en su búsqueda te obligará a tomar decisiones difíciles y a dejar la zona de confort. Cuando estás tan cómodo y tranquilo, tu mundo se reduce a cuatro cuadras alrededor. Si quieres expandir tus fronteras, tendrás que entrar en el bosque de la incertidumbre. Ya no estarás tan tranquilo en la orilla, con el agua acariciándote los tobillos y el sol calentándote el cuerpo, seguro que vivirás momentos de angustia, tragarás agua salada. Te parecerá difícil al inicio, lo sentirás como normal con el paso de los días y se convertirá en tu forma de vida a través de los años.

El primer paso, el primer vaso

Siempre digo que el primer paso debes celebrarlo con el primer vaso, y no hablo de vasos de *whisky*, *bourbon*, vodka o ginebra. Basta con un buen vaso de agua. Me gusta explicarlo así. Imagina que el reto que te has impuesto es bajar de peso. Fuiste con el internista, quien te mandó con el cardiólogo, y este último te dio la siguiente sentencia: "Estás al borde de un ataque al corazón. Si quieres seguir con vida, debes comenzar una rutina de ejercicios y, especialmente, corregir la manera en la que te alimentas". El cardiólogo te remitió con un médico funcional que evaluó tu estado y empezó a construir contigo un nuevo menú diario. Te pidió, de manera urgente, que dejaras de lado los ultraprocesados (todos esos paquetitos de papitas y basura que tenías en la alacena), que en cada plato incluyeras muchos vegetales y comida real y fresca, que no comieras más de tres veces al día —desayuno, almuerzo y cena— y que restringieras las harinas y el azúcar. El cambio para ti fue tan brusco que no sabías por dónde empezar. El médico te dio la clave: "Comienza por abandonar todas las bebidas alcohólicas; las azucaradas, como las gaseosas y los jugos de fruta, y haz del agua cristalina tu líquido vital".

Tardaste varios días en asimilar el mensaje. Y un día, viendo la foto de tus hijos gemelos de cuatro años, a los que amas y a quienes te gustaría acompañar durante muchas décadas, decidiste cambiar de hábitos alimentarios. Seguiste la sugerencia del doctor. El primer paso fue ese, aceptarlo y modificar el menú para mejorar tu salud. Te despediste de las bebidas de cola, de los sorbetes cargados de fructosa, te hiciste el mejor amigo del agua y en un par de semanas comenzaste a ver los cambios. Pequeños, y aun así, valiosos. Luego abandonarías los ultraprocesados, las frituras innecesarias, y aprenderías a hacer una fiesta con tus vegetales y la cantidad de proteínas sanas que requería tu cuerpo. Al cabo de ocho meses eras otro. Volviste a jugar futbol. Hoy tu cardiólogo te cita como paciente ejemplar en cada seminario que da alrededor del planeta. ¿Y cómo comenzó todo? ¡Por el vaso de agua!

Dar el primer paso es tomarte el primer vaso. Y este último no es otra cosa que aquel pequeño y permanente avance que puedes hacer día tras día. No perderás peso con drogas milagrosas, no ganarás masa muscular en el gimnasio luego de una semana de entrenamiento extremo —todo lo contrario, podrías lesionarte o provocarte terribles dolores—, no te convertirás en el mejor DJ después de tocar en dos fiestas. Sé paciente, enfócate en qué puedes hacer hoy. Ahí está la diferencia.

Creemos que las grandes metas se logran con grandes pasos, y no, se logran con la repetición dedicada de pasos cortos; pasos chiquitos y constantes. Estos serán trascendentales si los das hoy, si no los aplazas. Bebe, cada día, tu vaso de agua. Muchas personas dicen que somos los "arquitectos de nuestro destino". A mí me gusta completar esa idea con esta otra: **antes de ser el arquitecto, conviértete**

en el albañil de tu destino. Para conseguir la gran meta primero debes cumplir con pequeños objetivos. Entonces, sueña y toma decisiones para cumplir ese sueño. Con cada paso que des, pregúntate: esto que estoy a punto de hacer, ¿me acerca o me aleja de mi sueño?

Te doy un ejemplo: cuando comencé a trabajar en el Ministerio de la Producción y a tener un sueldo fijo mensual, me di cuenta de que en mi departamento había una pared vacía esperando por una pantalla plana de alta definición que jamás había tenido. No podía adquirirla de inmediato porque mi salario no era muy alto y mis prioridades eran comer, pagar la renta, los servicios básicos y el transporte, así que debía ahorrar cada mes para conseguirla. Mi objetivo era llevar esa tele a mi nuevo hogar. Empecé, con paciencia, a juntar el dinero.

Recuerdo que una tarde me llamó uno de mis grandes amigos para hablarme de un gran concierto al que deberíamos ir. El evento era muy atractivo, tocaban varias bandas que me gustaban; las circunstancias eran favorables, podía pagar la entrada; y la idea, en medio de mi soledad, me resultaba reconfortante, ¡un momento entrañable con la gente que quieres no tiene precio! Estaba a punto de decirle que sí cuando me hice la pregunta: ¿al comprar ese boleto me acerco o alejo de mi pantalla plana? Revisé mis cuentas. Los números no entienden de sentimentalismos. Ir al concierto afectaba mis ahorros de manera significativa. Le deseé a mi amigo la mejor de las suertes en el evento musical, le pedí que disfrutara en nombre de los dos; yo no podía ir.

Esa pantalla plana guardaba un especial valor para mí porque representaba un objeto deseado que, a diferencia de lo que viví en mi infancia, podía conseguir con el dinero obtenido por mi trabajo. Era una especie de premio a mi independencia, un adorno para mi espacio de soltero, de funcionario público en Quito. Meses después de comprarla y de ver series y partidos de futbol en ella, comprendí que, finalmente, lo más valioso de esa etapa de ahorro no había sido el *tener*, el comprar, el acumular una "cosa", un aparato tecnológico; lo valioso había sido el haber tomado la decisión, haber respetado el proceso y haber llegado hasta el final.

En esa ocasión, mi objetivo era una tele. Luego mis objetivos fueron otros: terminar las competiciones atléticas más exigentes del mundo, correr cerca del núcleo de la Tierra y en el más cercano al Sol, convertirme en el mejor *speaker* motivacional de mi país y uno de los principales de la región. Todas esas metas las crucé teniendo en cuenta el principio básico que seguí para comprar mi primera pantalla plana: un "sueño" claro, una estrategia (que podía o no cambiar) para materializarlo, un proceso que exigía orden, disciplina, fuerza de voluntad y paciencia (no se daría en dos o tres noches, requería meses), y un constante interrogatorio interior: "*Millán, con ese paso que vas a dar, ¿te acercas o te alejas de lo que deseas?* Así es que tú también hazte esa pregunta con cada paso que das, porque, ya te lo digo yo: no correrás en el Sahara si primero no trotaste en Guayaquil.

Muchos de los proyectos que pones en el baúl de las cosas irrealizables sí puedes materializarlos, lo que te falta es dar el primer paso. La procrastinación, ese hábito de aplazar para mañana, o pasado mañana, o 10 meses después, lo que deberías hacer hoy, te aprisiona con sus gordos y flácidos brazos. Te quedas ahí, divagando, pensando, esperando que algún día todas las fuerzas del universo se inclinen a tu favor y te dejen el camino despejado para llevar a cabo tu anhelo.

Olvidas entonces que eres tú, con tus propias manos y capacidades, quien debe cortar y podar la maleza que crece en la ruta, para despejar el camino. Tendrás que trabajar muy duro, con convicción, disciplina, paciencia y pasión, trazando un plan —que seguro tendrá cambios—, siguiendo un norte: será vital saber qué quieres y por qué lo quieres, entendiendo que el trayecto será largo y que este solo existirá cuando des el primer paso.

Y ese primer paso, sin importar cuánto mide (muchos o pocos centímetros), es el que te pone en marcha y deja de lado el *imposible*. Ese paso que parece minúsculo e intrascendente es el más valioso. Lo diste, ¿te has dado cuenta? Después de tanta inmovilidad, de no creer, de dudar, has empezado. Por eso este "pasito" es un salto largo. Después de él viene el segundo, el que marca la intención, y luego darás el tercero, el cuarto, hasta perder la cuenta, y nadie podrá detenerte. De ahí en adelante el gran reto será mantener el ritmo y no renunciar a los 10 kilómetros (como lo intenté yo en vano en la primera carrera de 50 kilómetros que corrí).

Mucha gente asegura que dará ese primer paso al llegar el año nuevo. Al inicio de enero las promesas de cambio, emprendimiento y renovación se escuchan en cada hogar, en cada esquina y en cada café. Tu tía empezará por fin esa dieta que ha planeado desde 1998, tu padre jura que caminará cinco kilómetros cada tarde ahora que está jubilado, y tú... harás cualquier otra promesa, o, incluso, la misma del año pasado. O tal vez no, en cuyo caso estás dentro de lo que algunos llaman el "Equipo Ocho". ¿Qué es eso?, preguntarás. Déjame que te cuente: de acuerdo con un estudio realizado por la Universidad de Scranton, que tiene su sede en Pensilvania, Estados Unidos, el 92 % de las personas que prometen hacer un cambio al inicio del año terminan abandonando su meta. La investigación mostraba que, tan solo una semana después, el 25 % de aquel grupo que dijo en voz alta "este año sí haré ejercicio dos veces por semana", o "este año dejaré de ser un empleado más y crearé mi empresa", se dio por vencido. No llegó ni al segundo kilómetro. El 55 % abandonó la causa a finales de enero. Seis meses más tarde, otro 20 % había desistido. Al final del año tan solo el 8 % cumplió su palabra. Para dejar de lado los imposibles tendrás que formar parte del Equipo Ocho.

Cómo dejar de procrastinar

Abandonar la procrastinación no es una tarea tan sencilla. Los estudios recientes indican que el 90 % de los seres humanos somos proclives a ella. En una entrevista con la American Psychological Association, el profesor Joseph Ferrari, uno de los psicólogos que más ha estudiado este tema, recordaba que al menos el 20 % de la población aplaza sus tareas y compromisos de manera crónica. Dejar para otro día aquello que representa un desafío o una incomodidad produce un alivio inmediato, sin embargo, a largo plazo, ese estado permanente de aplazamiento se convierte en un lastre difícil de soportar.

El procrastinador crónico sufre porque, aunque de manera consciente quiere llevar a cabo aquella acción, aquel cambio que desea, desde su inconsciente hay una soga que lo ata, le impide hacerlo y merma su voluntad. Como lo explicaba el investigador Timothy Pychyl, autor de *La solu-*

ción a la procrastinación (2010), al final, este no es un mero problema de gestión de tiempo, detrás de él hay una fuerte carga emocional.

¿Te ha sucedido? ¿Sientes que una fuerza extraña e irracional te impide avanzar? Es probable que suceda porque, de todas las emociones que surgen de ti, hay una que impera: el miedo. Y, contrario a lo que piensas, esta es una sensación positiva. Es cierto, el miedo puede paralizarte —por eso no tomas decisiones y las retrasas—; de otro lado, puede ser tu principal motor. Si tienes miedo de, digamos, abandonar tu trabajo de asistente contable para comenzar tu anhelada vida de DJ, es porque te aterra fallar y dar el salto hacia un territorio desconocido.

La pregunta es: ¿cada noche, antes de acostarte, sueñas con ser la reina de la fiesta y la heroína de los *beats*? ¿Te emocionas al visualizarlo? Si hay emoción, hay temor. Seguro que esa mezcla de sentimientos no se despierta en tu interior cuando piensas en los certificados de impuestos y las tablas de Excel que llenarás al día siguiente, ¿no? Eso ya lo conoces, lo dominas y te aburre. El otro escenario te excita y te aterra porque es un territorio por descubrir. Entonces, ¿qué estás esperando?

HERRAMIENTA

Aprende a priorizar (La matriz de Eisenhower)

Para dar los pasos que te acerquen a tu meta, es necesario, por supuesto, tener un orden y aprender a optimizar nuestro tiempo.

A continuación, te hablaré de una vieja herramienta llamada la matriz de Eisenhower. Aunque esta herramienta se le atribuye originalmente al expresidente estadounidense, fue el profesor estadounidense Stephen Covey quien contribuyó a que se diera a conocer de manera global gracias a su libro *Los 7 hábitos de la gente altamente efectiva* (1989). Se trata de una eficiente herramienta de administración del tiempo que nos ayuda a diferenciar lo urgente de lo no urgente, lo importante de lo no importante, y a entender cuándo una tarea es, además, ¡urgente e importante!

La matriz se ve así:

	Urgente	No Urgente
Importante	1	2
No Importante	3	4

Y esto es lo que significa:

- ***Cuadrante 1:*** lo importante + lo urgente = hacerlo
- ***Cuadrante 2:*** lo importante + lo no urgente = postergarlo
- ***Cuadrante 3:*** lo no importante + lo urgente = delegarlo
- ***Cuadrante 4:*** lo no urgente + lo no importante = no hacerlo

En mi día a día suelo utilizar esta herramienta para saber qué debo atender primero y qué debe ir después. ¿Cómo lo hago? Tomo todos los pendientes de mi agenda y los ubico, a veces mentalmente, en el cuadrante correspondiente. Después:

- Lo que quede en el cuadrante 1, lo atiendo de inmediato.
- Lo que quede en el cuadrante 2, aunque lo postergue un poco, procuro llevarlo a cabo a lo largo del día.
- Lo que quede en el cuadrante 3, lo delego, a menos que pueda responderlo rápido.
- Lo que quede en el cuadrante 4, lo dejo de lado, hasta nueva orden.

De otro lado, si noto que la mayoría de mis tareas están en el cuadrante 1, de inmediato reviso la planeación general, le doy un buen repaso al corazón de mi estrategia. Si día tras día estoy apagando incendios, es porque hay una falla en ella; si se me van las horas operando como bombero, jamás tendré tiempo para obrar como arquitecto y constructor de mi sueño. Cuando vives en la zona de emergencias, te imposibilitas llevar a cabo la ingeniería de largo plazo, con la que, finalmente, realizarás lo soñado.

Voy a darte un par de escenarios imaginarios para que practiquemos juntos. Lee las premisas y decide en qué cuadrante deberían estar ubicadas, escríbelo en el espacio indicado.

A) *Rompiste el tubo madre de la tubería de tu casa, la sala se está inundando y el techo de los vecinos de abajo ya empezó a humedecerse.*

Cuadrante: ____________________

B) *Recibiste un correo electrónico de Tania, tu mejor amiga de universidad, de la que no tenías noticias desde hace siete años, y te pide que le respondas pronto.*

Cuadrante: ____________________

C) *Según tu planeación semanal, hoy, a pesar de todo lo que ha surgido, debes dedicarle una hora a la escritura del libro que sueñas con publicar dentro de un año y medio.*

Cuadrante: ____________________

D) *Tu equipo favorito disputa en este momento los octavos de final de la Champions League o de la Copa Libertadores.*

Cuadrante: ____________________

Sé que todos tenemos prioridades distintas, en todo caso, si lo llevamos al campo de la lógica más simple, podríamos acordar que...

- La inundación de tu casa es un asunto *importante* que requiere solución *urgente*. Debes actuar ya, y dejar de lado cualquier otra labor; ¡no hay nada que importe más que salvar tu hogar! Por lo tanto, estaría en el cuadrante 1.
- Si bien te emocionaste al recibir el mensaje de Tania y te pide rápida contestación, esta puede esperar hasta que acabes con las tareas laborales principales de tu lista de pendientes. Prioriza aquello que más sume a la realización de tu imposible. Responder este *e-mail* estaría en el cuadrante 3, te piden acción urgente, y no es importante.
- Dedicar esa hora del día a escribir nuevos párrafos para el libro que aspiras publicar en algunos meses es una labor significativa, sin duda, solo que no requiere de una acción inmediata —como impedir que tu casa se inunde—. Dicha labor la ubicaría en el cuadrante 2, donde convergen lo *no urgente* y lo *importante*. Y en eso me identifico plenamente con Stephen Covey, quien dice que nuestro proyecto de vida tiene su principal sostén. Esta es la zona del paso a paso, de tomarse, cada día, el vaso del que hablábamos hace un momento. Es donde confluyen la disciplina, la planeación y la ejecución. Con una hora de escritura no harás un libro; en ese lapso, con algo de inspiración y suerte, quizás termines una página. Ahora, si la proyectas en el tiempo, esa hora de redacción, mantenida durante al menos 300 días del año, dará como resultado final un libro, o incluso dos libros cortos. Pude terminar la Marathon des Sables porque cada día, durante meses, entrené con constancia y determi-

nación, era un acto *no urgente* (las urgencias las tenía en la oficina) y sumamente *importante.*

- La verdad por delante. Yo jamás querré perderme un partido clave de mi equipo, el Barcelona Sporting Club. Me entretengo, me emociono, libero tensiones viendo sus cotejos. Sin embargo, si el encuentro es a la misma hora de una de mis conferencias, mis reuniones con clientes, los momentos de planeación con mi grupo de trabajo o una cita con mi pareja, pondré al Barcelona, así esté jugando los octavos de final de la Copa Libertadores, en el siguiente plano de relevancia. Es una actividad agradable, claro, aunque no decisiva, por eso la ubicaría en el cuadrante 4, *ni es urgente ni es importante*; no será con lo que me impulse a lograr mi imposible.

Para ser un buen ejecutor, debes ser capaz de atender mil cosas a la vez —como lo hice yo durante el rodaje de *From Core to Sun*, poniendo en riesgo mi salud—. Tu cerebro no resistirá esa sobrecarga de datos, tu disco duro se va a fundir si intentas vivir de esa manera. ¿Y sabes qué es lo peor? Que en tu afán por solucionarlo todo al mismo tiempo, al final casi todo lo habrás hecho mal. Es cierto que en muchos momentos de tu proceso tendrás varios frentes abiertos y deberás afrontarlos de la mejor manera; lo que no es cierto es que todo el tiempo debes trabajar así. En ese esquema de ejecución, las probabilidades de equivocación aumentan de manera peligrosa.

Jeff Bezos, creador de Amazon, ha dicho muchas veces que no suele resolver más de tres asuntos importantes cada día, y el más complejo lo soluciona en la mañana, en su momento de enfoque más alto. ¡Tres cosas! Perfecto, así que si tienes 15 asuntos importantes o problemáticos por atender (a estos últimos mis colegas colombianos los denominan "chicharrones"), no intentes evacuarlos en una sesión; divídelos. Si intentas comerte esos chicharrones en una sentada, terminarás con una descomunal indigestión. Dile no al *multitasking* y dile sí a la división sensata de tus obligaciones.

Tomar esa decisión no te convierte en un perezoso, te convierte en un mejor y más eficiente intentador. Los problemas por resolver requieren de tu concentración. El profesor de Stanford Clifford Nass (1958-2013), autor de *The Man Who Lied to His Laptop* (2010), lo explicaba así: "Las personas que hacen *multitasking* todo el tiempo no saben filtrar la irrelevancia. No usan la memoria de trabajo. Viven crónicamente distraídas. Ponen a funcionar unas partes muy grandes del cerebro que son irrelevantes para la tarea en cuestión. Son, francamente, unos desastres mentales". Si tu mente no está centrada, tu ejecución será muy pobre.

Una cuestión de tiempo

Como te podrás imaginar, una vez que tienes claras tus prioridades, es preciso darles un espacio y un tiempo en el calendario. No se trata un listado de tareas en tu teléfono inteligente o en tu computadora; se trata de tu mapa vital, del centro de control de operaciones, de la brújula semanal. En las clases magistrales que dicto desde hace un par de años, he notado que la mayoría de mis alumnos trabaja con un norte en su cabeza y sin un norte en su "libreta". Por eso, ante los tropiezos, los olvidos, o los cambios intempestivos de planes, pierden su dirección. Al llevar tus avances, las citas, las reuniones, las fechas importantes (personales y laborales) a tu agenda, siempre vas a poder revisar tu norte.

Muéstrame tu agenda y te diré quién eres. Muéstrame tu agenda y te diré cómo vives, qué no consigues o por qué no lo logras. Las frases no son mías, se las he escuchado a empresarios, gerentes, *coaches*, conferencistas, y estoy muy de acuerdo con ellos. La idea es la misma. Esta es una herramienta valiosa, representa el camino que has trazado. No la mires de reojo con rabia, no la veas como una camisa de fuerza, utilízala como un lienzo para pintar la vida que deseas. Úsala. Y si no sabes cómo organizarla, ya mismo te ayudaré con eso.

Te cuento, a manera de guía, cómo ordeno la mía. Suelo utilizar Google Calendar. Buena parte de mi equipo trabaja con Apple Calendar o Notion, por ejemplo, y tengo amigos apegados a la vieja escuela —nunca pierde su encanto—

que llevan sus registros, citas y avances en bellas agendas de papel. Tú elige la opción que más te guste. Para comenzar, busca un día y una hora en la que puedas dedicarte con calma y sin interrupciones a planear la semana siguiente. Yo suelo hacerlo el domingo, de cinco a seis de la tarde, aunque a veces solo tardo media hora o 40 minutos en completar la tarea. *Y te doy esta sugerencia: usa el domingo para crear la vida que sueñas, no para escapar de la vida que llevas.* En fin, organizo mi agenda teniendo en cuenta las siguientes categorías, y en este mismo orden.

1. **Lo realmente importante:** la prioridad de mi vida son mi familia y la gente que amo, por eso siempre, antes que cualquier obligación laboral, separo esas horas en las que almorzaré con mis padres, tendré una cita especial con mi pareja, o me tomaré un café con un gran amigo que no veía hace años; y si tuviera hijos, ellos estarían por encima de todo. La gente que amas va en primer lugar. Esos espacios no son negociables. A todos estos encuentros les asigno el color rojo en mi calendario.
2. **El crecimiento personal:** después me ocupo de todos esos momentos de la semana que dedicaré al aprendizaje (clases de inglés, de psicología, de baile), al entrenamiento deportivo (correr, levantar pesas), a conocerme mejor interiormente y ser mejor persona (terapia, meditación). Les asigno el color amarillo.
3. ***Deep work*:** en su libro *Céntrate* (2016), el autor estadounidense Cal Newport nos habla de este concepto, el "trabajo profundo", ese momento de concentración total en que logras llevar a cabo

una tarea exprimiendo al máximo tus capacidades. ¡Foco puro y duro! En su texto nos recuerda que: "Para llevar a cabo su aspiración de revolucionar el mundo de la psiquiatría, Carl Jung construyó una casa aislada en el bosque. La Torre de Bollingen se convirtió en un lugar donde Jung podía mantener su capacidad para pensar profundamente y luego aplicar esa destreza para producir una obra cuya sorprendente originalidad cambiaría el mundo".

Yo construyo mi Torre de Bollingen en el sitio del planeta donde esté con la ayuda de mi agenda. Cada semana me regalo dos momentos de *deep work* en los que no me interrumpe ni la colisión de Saturno contra la Tierra. Apago el celular, desconecto la computadora, saco una libreta y un lápiz y me concentro con plenitud en las ideas que van surgiendo, las anoto en el papel, las dibujo, o las plasmo a veces en forma de rayones. En mi Torre de Bollingen no hay llamadas, ni correos electrónicos, ni alarmas, ni notificaciones, ni mensajes de WhatsApp. Estoy conmigo mismo, exprimiendo al máximo mis capacidades creativas. He descubierto que, de acuerdo con mis ocupaciones habituales, los mejores días para mi trabajo profundo son el lunes en la mañana (dos horas, usualmente de 10 a 12) y el viernes en la tarde (casi siempre hacia el final de mi jornada).

Además, uso este segundo momento de inmersión para revisar los logros de los días anteriores. Y los analizo con la ayuda de preguntas:

- **¿Qué hice bien esta semana?** (*Y lo escribo agradecido, como un ejercicio de valoración y conciencia. Me doy el debido reconocimiento*).
- **¿Por qué salió bien?** (*Repaso mi proceso semanal, las decisiones acertadas, e intento hallar las razones que me llevaron a esos resultados positivos. Reviso y aprendo*).
- **¿Cómo pude haberlo hecho mejor?** (*Me recuerdo constantemente que, sin importar la magnitud de lo conseguido, puedo llevarlo al siguiente nivel. Eso me sucede con mis conferencias, que suelen tener una altísima calificación por parte del público. Yo no me conformo, en cuanto me bajo del escenario estoy pensando en cómo enriquecer el relato, qué puedo acortar, qué puedo añadir. Siempre busco superarme, subir otro escalón*).
- **¿Qué no salió tan bien?** (*Dejo mi ego de lado, identifico los fallos y me entrego a este momento de aceptación y honestidad*).
- **¿Por qué no salió tan bien?** (*Tal vez mi planificación fue pobre, quizás estaba desenfocado, no di todo lo que tenía, no cumplí con lo que me había propuesto; es probable que, por aceptar demasiados compromisos, haya perdido el norte. Hago una seria revisión consciente*).
- **¿Cómo pude haberlo evitado o al menos reducido?** (*Este interrogante me obliga, nuevamente, a revisar mi proceso, a identificar el error, agradecerle por mostrarme otro camino y aprender de él. Con la ayuda de mi equipo examinamos el "cadáver" —el objetivo no conseguido, el fallo, el resultado poco satisfactorio— y buscamos las causas de su deceso.*

Este chequeo en frío lo denominamos, en broma, la "autopsia").

4. **Reuniones estratégicas:** una vez solucionadas las tres categorías anteriores, empiezo a esparcir en mi agenda todos esos encuentros dedicados a la planeación de mediano y largo plazo para mejorar cada proyecto. Lunes, reunión para revisar las nuevas incorporaciones a la conferencia que daré en tres semanas en Miami; martes, revisión del tráiler promocional que le presentaremos a una productora que está interesada en hacer una película sobre mi vida; miércoles, seguimiento al sueño de ir al espacio; jueves... Son encuentros importantes, son los espacios del "¿cómo le vamos a hacer?". Les suelo asignar el color magenta.
5. **El día a día:** estos son los pequeños compromisos inevitables y de última hora que debes cumplir, que seguro te llenarán la agenda por completo, que suman a tu propósito y pertenecen al universo de lo urgente (sin que sean, necesariamente, importantes; no lo pierdas de vista). Por ejemplo, si voy a dictar una conferencia en Cancún, pues debo tener en cuenta asuntos inevitables como el desplazamiento de mi casa al aeropuerto, luego el vuelo, la llegada, otro trayecto al hotel, la prueba de sonido... en fin. Al ver esos "tiempos muertos" en mi agenda me programo por anticipado para aprovecharlos respondiendo mensajes de WhatsApp o devolviendo llamadas. En el hotel contesto los *e-mails*. Y si hay un asunto de última hora, digamos que he decidido casarme en Las Vegas, pues también tendré que

buscarle un hueco en mi bitácora. A estos compromisos suelo asignarles el color verde. ¡Y así mi agenda explota! Je, je.

Deja siempre estos asuntos para el final, si los incluyes al inicio del proceso, es probable que pierdas el norte, te quieras enfocar en apagar incendios y luego termines siendo un excepcional bombero, cuando tu equipo necesitaba un estratega o un protagonista para su película.

Es importante que compartas tu agenda con las personas que conforman el círculo vital de tu proyecto, así comprenderán por qué no contestaste el lunes a las 10 de la mañana (estabas en tu momento de *deep work*) y sí lo hiciste cuatro horas más tarde, cuando ibas camino al aeropuerto para tomar un vuelo a California. Si los miembros de tu equipo conocen tus horarios y tus planes, será más fácil para todos estar en contacto, organizar reuniones de última hora y buscar el momento oportuno para resolver los imprevistos. Si no llevas una doble vida de agente secreto, permite que tu gente conozca tu agenda.

Por otro lado, recuerda que tienes el derecho a no responder. En este nuevo siglo, con la invasión de las redes sociales y las rutinas del trabajo en casa que trajo la pandemia, todos esperan que les contestes de inmediato. Prioriza. Responde primero aquellos mensajes que están en el bloque de lo relevante. Tim Cook, el director ejecutivo de Apple, quien suele levantarse a las 3:45 de la madrugada (después de haber dormido al menos siete horas), lo primero que hace es ponerse al día

> con su infernal listado de correos. Les da prioridad a los que considera más "importantes" para su negocio, luego va a ejercitarse y hacia las ocho, cuando comienza la jornada laboral para la mayoría de trabajadores del planeta, él ya se ha liberado de ese peso psicológico llamado "bandeja llena".

Listo, tienes las instrucciones básicas para construir tu ruta de trabajo personal y laboral. Una vez más: olvídate de las alarmas y las notificaciones, que solo están ahí para marcar una alteración de conciencia y para pedirte que compres algo. Y, por último, tú haces la agenda, tú la diseñas, tú la "montas" y sostienes su rienda. No caigas en la trampa de creer que el objetivo que te has propuesto (crear tu marca, abrir tu nueva tienda, rodar tu filme, aumentar tus ingresos, vender tu casa para irte a otro país) solo se consigue con sufrimiento, castigo y aislamiento. Haz un alto en la ruta con frecuencia para preguntarte si, a pesar de todo, lo estás disfrutando.

Y si revisas tu calendario y te das cuenta de que hace meses no te permites un tiempo libre, que te has alejado de tu pareja, tu familia, tus amigos, que ya no te ejercitas, que comes de pena, que dar el paso a paso se ha convertido en una acción robótica, que tu mal humor es permanente, para, descansa, dales un abrazo a las personas que amas, tómate un café con tu mejor amigo, invita a tu pareja a cenar, vete al parque o al mar con tus hijos, recobra la sonrisa. **Ir en busca de tu imposible no significa que dejes de disfrutar de la vida.** Todo lo contrario, el gozo y la alegría, en medio de tu exigente rutina de trabajo, serán tu refugio nuclear ante las negativas, las inversiones fallidas o los negocios frustrados. ¡La agenda no te controla, tú controlas la agenda!

9

Inténtalo las veces que haga falta y honra el proceso

Uno de los mayores desafíos que enfrentan los "intentadores" es comprender que el éxito de su aventura depende, fundamentalmente, del proceso. De dar cada día el paso, de beber cada día el vaso, sin perder la fe ni la perspectiva, porque la carrera es larga y, aunque habrá saltos cuánticos —esos instantes en los que progresas en cámara rápida—, solo la terminarás si entrenas a diario. Debes honrar el proceso. Debes disfrutar del proceso, aun sabiendo que este tiene más horas de tedio y frustraciones que de "eurekas". Finalmente, los "eurekas" son el resultado de todas esas horas de tedio y frustraciones.

Lo suelo repetir en mis cursos: comenzar, tener el plan, no representa mayores dificultades, el problema es continuar, seguir y mantenerse en la competencia, aunque tu cuerpo comience a congelarse entre la nieve. La gente aplaude el final feliz, la medalla de oro, el podio, la copa, el Oscar. Se queda con la sonrisa del deportista que ganó la maratón en los Juegos Olímpicos, y nadie ve las lágrimas que derramó cuando se lesionó, las caídas, las horas que corrió bajo la lluvia, las noches en las que dudaba, las mañanas en las que no quería entrenar y aun así lo hizo, la dieta estricta que tuvo que seguir, las críticas que debió soportar, los movimientos que tuvo que perfeccionar.

La medalla de oro te la ponen en dos segundos. El proceso no para, continúa a la mañana siguiente. El proceso te permitió conseguir la medalla. El proceso te hará más fuerte. En su libro *Hábitos atómicos* (2018), James Clear lo escribía así: "Cuando te enamoras del proceso más que del producto final, no tienes que esperar hasta el desenlace para permitirte ser feliz". Debes entender que el triunfo está en poder celebrar el tedio, las lesiones y los días de lluvia, no en festejar, tan solo, cuando te subes al podio.

Valora tu proceso, celebra las pequeñas conquistas diarias, no pierdas ni el impulso ni la motivación, concéntrate en los 10 kilómetros que vas correr hoy, en las 20 llamadas que debes hacer, en los 15 correos electrónicos que tienes que enviar, en las cinco páginas que vas a escribir, en los 60 *cupcakes* que debes hornear. Y entiende que la continuidad (o la intermitencia) en tu proceso refleja de manera clara qué tan comprometido (o no) estás con la meta que persigues. Si tu sueño es terminar una maratón y entrenas solo tres días al mes, ¿cómo esperas no caer rendido en el kilómetro 13? ¿Dónde estaba tu proceso? Y sin proceso no hay progreso.

El fracaso no existe

Al saltar al vacío en busca de nuestro sueño necesitaremos arrojo, persistencia y "desaprendizaje". Muchas de las verdades y conceptos aprendidos en el pasado tendrán que ser cuestionados, olvidados o reelaborados. Te molestará el dolor de las ampollas al correr sobre las arenas del desierto, querrás encender la bengala para ser rescatado e ir a un hotel con aire acondicionado. A veces te sentirás solo e invadido por las dudas. Algunas veces serás tú el que se ponga las paredes imaginarias, y otras veces serán los demás quienes intenten hacerlo. Pase lo que pase, no desistas. Incluso cuando las cosas no salgan como esperabas. Nota que digo "cuando las cosas no salgan como esperabas" en lugar de decir "cuando fracases". ¿Por qué? Porque así como no creo en lo imposible, tampoco creo en el fracaso. Esa es simplemente otra palabra. Un calificativo que nos limita, nos hunde y nos deja sin esperanza.

Lo suelen usar los periodistas deportivos en las ruedas de prensa, al finalizar los partidos de futbol y preguntarle al director técnico que fue derrotado: "¿Podría considerar esta racha de tres encuentros perdidos como un fracaso?". Y no hablan de los 10 anteriores en los que el equipo ni siquiera recibió un gol en contra. O lo utilizan muchas personas para referirse a sus relaciones sentimentales del pasado: "Mi matrimonio fue un fracaso" (sin reparar en los buenos momentos que tuvieron con sus parejas), o a sus negocios: "Después de ese fracaso llegó la quiebra" (¿y es que acaso no existe la oportunidad de crear un nuevo proyecto?). No conozco otra palabreja que te produzca un mayor vacío, que te succione tanto la energía como "fracaso". La dices y te secas. Pones un muro de mil metros en frente de tu cara. Hablemos, mejor, de "intentos". Todos somos intentadores, nuestra vida está llena de intentos. **Mientras que el fracaso es un punto y aparte, el intento es un punto y seguido, siempre dispuesto a empezar una nueva historia.**

Convertir cada NO en un NOrte

Hemos establecido entonces que un "intentador" verdadero no fracasa, sino que vuelve a intentarlo. Y para eso, es indispensable aprender a convertir cada NO en un NOrte. ¿A qué me refiero con eso?

¿Te acuerdas que, cuando estaba buscando correr en la mina más profunda de la tierra, recibí repetidas negativas por parte de los funcionarios de la empresa? Me alentaban a buscar nuevas propuestas y soluciones; tenían respuestas lógicas, y a mí ninguna me convencía. Era de esperar: yo les estaba pidiendo que me dejaran correr en una de sus minas más lucrativas, que detuvieran su extracción durante al menos medio día, ¿y qué les daba a cambio? ¿Que salieran en una película, si es que lográbamos realizarla? Sus constantes "no" eran entendibles. En todo caso, si algo había aprendido de mis aventuras anteriores, de mi paso por el Ministerio de la Producción y de mi vida como habitante de Ayacucho y la Octava, era a tolerar las negativas. Todos los intentadores debemos aprender a no perder la fe tras escuchar y/o leer un *no*.

Diría algo más, aunque quizás te suene raro. **Debes aprender a ser un "sinvergüenza". Y no utilizo el término para animarte a ser un ladrón, un inmoral, un bribón, un corrupto. Hablo de dejar de lado la vergüenza, de eso se trata, de vivir *sin-vergüenza*.** De tener un poquito de arrojo, descaro e ir cambiando lo que sientes frente al rechazo para que cada vez lo puedas tolerar mejor. Y una de las mejores formas para conseguirlo es asumiendo el riesgo de ser rechazado. Mirémoslo desde la frialdad de la estadística. Cuando te rechazan la primera vez, te duele mucho; es un golpe al hígado y al ego —que se revuelca en el fango—. Te rechazan una segunda vez, te duele, te molesta, sin embargo, como ya lo has sentido, te escuece menos. Cuando afrontas el rechazo número 32 o 44, 237, la molestia es poca. Te concentras más en tratar de entender el porqué de la negativa, o en aceptarla sin rencores, y seguir.

Los "maestros" en el tema son quienes trabajan en las ventas telefónicas. A muchos de ellos no los dejan ni terminar la primera frase porque su interlocutor cuelga sin despedirse (o después de soltar una maldición). El rechazo forma parte de su presupuesto. No se espantan con los insultos y tienen un arsenal de opciones ante el "no me interesa". Ellos saben que, entre más llamadas hagan, más posibilidades tendrán de obtener una respuesta positiva. Si llamas una vez, te cuelgan y no lo vuelves a intentar porque te quedas congelado ante la negativa, es el final del juego.

De un juego que apenas inicia. Como lo explica el autor inglés Simon Sinek en su libro *El juego infinito* (2019): "Los jugadores de mentalidad infinita esperan sorpresas, incluso se deleitan en ellas, y están preparados para que dichas sorpresas los transformen. Aceptan la libertad de jugar y están abiertos a cualquier posibilidad que los mantenga en el juego. En vez de buscar formas de reaccionar a lo que ya ha pasado, buscan maneras de hacer algo nuevo". El jugador de mentalidad finita, por el contrario, se derrumba ante la mínima perspectiva de derrota.

Tú eliges cuál de esos dos jugadores quieres ser. Yo te aliento a que seas un sin-vergüenza y que sigas adelante a pesar de los rechazos. Piénsalo bien, en muchas instancias de tu proyecto no necesitas mil "síes", usualmente solo requieres unos cuantos, un puñado; para continuar con la etapa siguiente, enfócate en lograr el primero. Estoy seguro de que siempre le darás más solidez a tu proyecto desde el rechazo que desde el aplauso; con el aplauso solo acumulas más aplausos —puro ruido—, desde el rechazo sumas conocimiento, te obligas a revisar lo que no está dando resultado, te obligas a mejorar, y de eso se trata convertir el no en un norte. La negativa no te fulmina, te pide que busques otra solución, que cambies de orientación. Y no abandonar el proyecto es más fácil cuando has superado tu punto de no retorno. Si no sabes lo que es eso, sigue leyendo.

El punto de no retorno

Le llamo así a ese momento en el que ya has avanzado tanto en el camino hacia la consecución de tu meta, que detenerte sería más costoso (energética o económicamente) que continuar. No es un instante que pueda establecerse con una fórmula matemática infalible, es más bien un momento imperceptible y sutil en el que tú *sabes*, desde tu corazón, tu intuición y tu lógica, que ya no puedes renunciar; que no te queda otra opción que seguir.

Es importante que identifiques cuál es el punto de no retorno para ti en un cada proyecto. Para mí, por ejemplo, ese punto en la carrera de Mojanda (capítulo 2) llegó al kilómetro 25, la mitad del trayecto. Aunque estaba físicamente destruido, regresar al punto de inicio era una tontería, pues tendría que desandar la misma cantidad de kilómetros que tendría que correr hacia adelante para terminar la carrera. En la Patagonia (capítulo 2), el punto de no retorno lo hallé hacia el kilómetro 70, cuando me enteré de que mi nuevo amigo, Gonzalo Calisto, iba a ganar la competencia. Y lo confirmé aquella madrugada en la que dormí a la intemperie, mi morral se mojó y juré que no pasaría otra noche así. En la Marathon des Sables (capítulo 3) tuve dos puntos de no retorno muy claros: el primero, cuando pagué la inscripción que, para mi economía de funcionario público, tenía un costo muy elevado; el segundo fue al tercer día de la competencia, con los pies ensangrentados, en medio de los dolores y las dudas y luego de tomar la decisión inquebrantable de seguir. En la Antártida (capítulo 4), el principal llegó después mi desmayo sobre el hielo, al levantarme sabría que ya solo me quedaba llegar a la meta. En esta carrera tan particular, llegó semanas antes del viaje a África, después de haber invertido en ella una suma de dinero gigante. ¿Entiendes lo que quiero decir?

El punto de no retorno es ese momento en el que resulta inútil tirar la toalla y cualquier paso minúsculo es un avance hacia tu objetivo. Sobre este tema, la pregunta que más me formulan mis clientes y alumnos es: "Millán, en términos económicos y de inversión, ¿cómo saber que ha llegado *ese* momento?". Entiendo su preocupación porque yo la he tenido en todos mis proyectos. Para responder, suelo recurrir a esta imagen: sabrás que has llegado al punto de no retorno cuando tú y tus socios han hecho un aporte muy elevado para realizar ese emprendimiento que no los deja dormir y, como se la están jugando toda, no queda otra opción que mirar al frente y continuar. Abandonar el intento te dejaría en la quiebra, nadie te puede devolver el dinero; seguir, en cambio, te ofrece posibilidades. Si el trabajo da frutos (y los dará) podrás recuperar lo invertido y, con el paso del tiempo, tener utilidades.

Ahora bien, el punto de no retorno no es garantía de que tu tarea está hecha. Su mensaje es alentador: "Avanza, no te detengas". Solo recuerda que en tu búsqueda surgirán nuevos obstáculos, es tu deber el sortearlos de la mejor manera. El camino de los "intentadores" siempre está ahí adelante, lo que se dejó atrás lo usamos como experiencia, guía y aprendizaje. El punto de no retorno te da un sostén, es como el respaldo de la silla que no te deja caer. Apóyate y muévete. Sé responsable del compromiso adquirido. El resultado depende de ti.

***

Para cerrar esta segunda parte del libro, quiero compartirte algunas máximas que resumen lo expuesto a lo largo de estas páginas. Léelas, reléelas, apréndetelas, y, sobre todo, practícalas las veces que haga falta.

15 MÁXIMAS PARA CONVERTIR LOS IMPOSIBLES EN POSIBLES

1. **Siente el temblor en las piernas.** Esa es la señal inequívoca de que estás ante un *imposible* que te interesa. Si tiemblas de emoción ante el desafío que tienes por delante, sigue esa emoción y lánzate a conquistar tu meta.
2. **Define y visualiza con claridad el objetivo.** Preocúpate del "qué" y después del "cómo". Cruza la meta primero en tu mente. Mientras te preparas para lograr eso que quieres, imagina una y otra vez qué sentirás al lograrlo. Cómo te sentirás, con quién celebrarás y de qué forma lo harás.
3. **Investiga.** Para pescar los peces grandes hay que nadar en aguas profundas. Para no naufragar, requieres conocimiento, información, entrenamiento, persistencia, foco y muchas horas de labor.
4. **Traza un plan.** Incluso sabiendo que va a cambiar una y otra vez. Incluso sabiendo que no todo va a salir como quieres y que se vale salirse de las líneas marcadas. Acepta que, a veces, tus planes robustos y precisos serán retrasados o destrozados por "fuerzas de la naturaleza". Esto es, sucesos, circunstancias, fenómenos que se salen de nuestro control. Lo importante en esos casos es no quedarse tirado en la lona del cuadrilátero, sino levantarse como Rocky Balboa.
5. **Organízate.** Prioriza las tareas, programa tus horarios, busca el *tiempo* para las tareas que exige este nuevo sueño y siempre deja espacio para cuidar de ti.
6. **Atraviesa la incertidumbre.** Las dudas y el temor siempre van a aparecer. Mantén tu mente fuerte, identificando e ignorando sus mensajes pesimistas de máquina repetidora de desastres, invocando a tu guerrero, tu rey, tu mago o tu amante interno. Busca el valor, el coraje, la paciencia y la osadía en logros pa-

sados. Cuando la duda te lleve a lo profundo de una mina sin salida, ve a respirar, sal a caminar, ejercítate, medita.

7. **Enfrenta tus *miedos*.** A morir, a fracasar, al qué dirán. Yo los tuve, por supuesto, y aun así elegí mantenerme en el camino y no quedarme en el sofá de los que critican y no hacen nada (¡siempre en el Equipo Ocho!).
8. **Juega en equipo.** Rodéate de personas que sumen y tengan un talento especial que complemente los tuyos. El equipo es un organismo vivo, activo, cambiante, del que tú formas parte, al que tú contribuyes. Está ahí para apoyarte y también para hacerte preguntas incómodas. Valora tu conocimiento y te enseña.
9. **Escucha tu corazón.** Asegúrate de que tu meta esté conectada con tu razón de vida, tu ikigai. Pregúntate con frecuencia si ese sueño que persigues guarda una relación estrecha con tu ser, con tu propósito. No te lances a las aguas profundas solo por el dinero, por la fama, los *likes* o el aplauso colectivo.
10. **No pierdas de vista el panorama completo.** Céntrate en los pasos diarios sin dejar de mirar el horizonte. Recuerda tu plan a cinco años y motívate pensando en él.
11. **Honra el proceso.** Valora sus instantes de marcha rápida hacia adelante y sus momentos de marcha en reversa. Con todos sus defectos, el proceso es una base de hierro para conseguir tus objetivos y para no derrumbarte ante las complicaciones. Cuando las cosas no marchen como te las imaginas, cuando tus llamadas no sean contestadas, cuando tus ideas no sean tenidas en cuenta, cuando tus deudas empiecen a aumentar y te ahoguen, enfócate en el proceso y no en el resultado. Mírate al espejo y di algo como: "Este día también suma. Reconozco todo el esfuerzo que he hecho y me siento orgulloso de mi proceso. ¡Voy acercándome a mi meta!".
12. **Convierte cada NO en un NOrte.** Deja que cada "no" te haga más fuerte y te ayude a redireccionar las velas en la dirección indicada. Replantea tus estrategias, repara las grietas tu propuesta y vuelve a intentarlo. Conviértete en un "sin-vergüenza".

Si quieres realizar tu sueño debes reforzar tu nivel de tolerancia y tener la convicción de los vendedores telefónicos.

13. **Disfruta el proceso.** Cuida de ti y de tus vínculos en el camino a conseguir. No te obsesiones al punto de quedarte solo. Ningún sueño laboral, ningún proyecto profesional, supera en importancia a tu familia, tu pareja, tus hijos, tus padres, tus amigos verdaderos, la gente que te quiere. Busca el tiempo para estar con ellos y para decirles que los amas. El gozo debe estar presente en tu carrera, no puede ser todo sufrimiento. Cuando alcances tu meta, es bueno tener una vida a la cual regresar y personas con quienes celebrar.
14. **Cultiva tu mente.** La mente lo transforma todo; convierte troncos de árboles en lobos o atletas destrozados en resistentes escaladores. A tu mente la cultivas y la estimulas en terapia, a través de lecturas y experiencias motivantes, ejercitándote, meditando, respirando, abandonando el sofá de los cómodos, asumiendo riesgos, creando nuevas rutinas. Trabajando en ella cada día. Tu "músculo" más preciado y el que más debes entrenar es tu cerebro.
15. **Después de alcanzar la meta, empieza otra vez.** El camino no se acaba cuando logras tu imposible, el camino vuelve a empezar y tú querrás zarpar de nuevo para conquistar *otro* imposible. Mantén tus ojos bien abiertos a las señales que hallarás en la ruta.

Epílogo

¿Y ahora qué?

Ese es el interrogante que nos hacemos los "intentadores" cuando hemos cumplido nuestro objetivo. "¿Y ahora qué, Millán?", me he dicho a mí mismo en el pasado. "¡Ya corriste en el Sahara! ¡Ya corriste muy cerca del núcleo de la Tierra! ¡Ya rodaste una película documental! ¡Compartiste escenario con los *speakers* más conocidos! ¡Has viajado por medio mundo contando tu historia! ¡Escribiste el libro! ¿Y ahora qué sigue?".

Mi consejo es que, después de haber llegado a la meta, tras meses o años de trabajo duro, te tomes un tiempo para celebrar lo que conseguiste y para evaluar tu crecimiento profesional, deportivo, personal, espiritual que adquiriste en el proceso. Es posible que te sientas algo extraño, vacío; como quien acaba de dar a luz a un hijo. Te entregaste en cuerpo y alma a tu sueño, lo diste todo: esfuerzo, sudor, risas, llantos, discusiones, deudas y dudas, gritos, soledad e insomnio. Buscabas la recompensa y la obtuviste. Con el botín en tus manos, besas el trofeo y después, con el paso de los días, empieza a instalarse en ti un cierto silencio.

Una vez terminada la agitación del entrenamiento y el combate, en la calma de tu hogar o incluso en la playa más bella del mundo, sentirás un agujero en el estómago. Estarás en la zona del vacío. No intentes huir de ella trayendo a tu vida un nuevo imposible apresurado. La zona del vacío está ahí para que la habites, es un momento precioso para, por ejemplo, comenzar tu terapia psicológica o reforzar tu espiritualidad. La zona del vacío está ahí para que descanses, te recargues, analices tu proceso, agradezcas, revises con cabeza fría con qué nuevo reto te sientes atraído y luego, simplemente, te permitirás descubrir qué dicen tus piernas (¿sientes que han vuelto a temblar o no?).

Hay un estudio psicológico muy citado, publicado en 1978 por Philip Brickman, Ronnie Janoff-Bulman y Dan Coates, para recordar el efecto de esa felicidad momentánea o "adaptación hedónica". En su investigación, los autores muestran cómo varias decenas de personas que habían ganado la lotería de Illinois tuvieron el máximo pico de euforia cuando se enteraron de la buena noticia para luego, con el paso de los meses, retornar al estado habitual de felicidad, al anterior, a pesar de ser ricos y no tener presiones económicas. Algo similar, a la inversa, sucedía con quienes habían experimentado accidentes severos y quedaron parapléjicos; su momento máximo de infelicidad se presentó cuando llegó su inmovilidad forzada, para luego, con el paso de los meses, recobrar el estado habitual de felicidad.

Todos, sin importar las circunstancias, volvemos al punto de equilibrio, no importa si somos millonarios o si de repente estamos en una silla de ruedas. Así funciona nuestra mente. Por eso, si crees que al cruzar la meta de tu superultramaratón en la Luna encontrarás la felicidad que buscabas, es mejor que sepas de una vez que no será así. La felicidad de los "intentadores" está, tan solo en una parte, al final del camino; el grueso de aquella felicidad se encuentra en el día a día. **La gran satisfacción no está en la obtención del "botín", el premio está en el proceso en sí mismo.**

No te lances a la ruta de manera frenética solamente para llenar el vacío. Sé muy bien de qué te hablo. No vale la pena. De esa manera terminarás pescando en la orilla y perderás a los peces grandes. Aguarda un poco, toma aire, vuelve a las herramientas de este libro: la estrella de la vida, la flor del ikigai... conecta con tu corazón hasta que estés seguro de haber encontrado una nueva meta que te haga temblar las piernas. Cuando la tengas clara, vuelve a comenzar. Sabes a qué me refiero: repasa el método, arranca nuevamente con la emoción fortalecida y no olvides que la vida es eso: ciclos que se abren una y otra vez.

Si me sigues en las redes sociales, sabes que desde hace un par de años persigo el imposible de volar al espacio y que he empezado a dar algunos pasos en pro de ese objetivo. Hace un tiempo conocí al visionario detrás de una de las compañías que ofrece vuelos espaciales, y le pedí su consejo para llevar a cabo mi sueño. Quiero terminar este libro compartiéndote un fragmento de nuestra primera conversación:

—¿Y por qué quieres ir al espacio? —me preguntó.

—Porque es imposible —respondí.

—Vaya, ¡qué interesante! ¿Te has dado cuenta de que el eslogan de nuestra compañía está pensado para tipos como tú?

—¿Y cuál es el eslogan? —indagué.

—*We make the impossible inevitable.*

—Guau, eso es justamente lo que estoy buscando.

Espero que tú también te embarques en esta aventura de convertir lo imposible en inevitable y que este libro te acompañe en cada uno de tus retos. Que te anime a continuar en las temporadas grises y a acelerar el paso en las mañanas claras. Levántate del sofá y ve con paso decidido por tus metas. Este es tu momento.

Ahora sí, toma tu marcador favorito y tacha para siempre el prefijo "im" de "imposible" en la siguiente frase:

¡SIEMPRE ES
***imPOSIBLE*!**

Ya está.

Gracias por creer, por intentarlo y por volverlo a intentar.

Millán

En este libro no se menciona ni una sola vez la palabra *pero*. Esto no fue una coincidencia, sino una decisión. Yo quité el pero de mi vida y tú, si lo decides, harás lo mismo con el *im* de imposible.

REFERENCIAS BIBLIOGRÁFICAS

Barruti, Soledad. 2015. *Malcomidos: Cómo la industria alimentaria argentina nos está matando*. Buenos Aires: Planeta.

Burnett, Bill, y Dave Evans. 2016. *Designing Your Life: How to Build a Well-Lived, Joyful Life*. Nueva York: Knopf.

Cirillo, Francesco. 2006. *The Pomodoro Technique*. Berlín: FC Garage GmbH.

Covey, Stephen R. 1989. *The 7 Habits of Highly Effective People*. Nueva York: Free Press.

Dispensa, Joe. 2014. *El placebo eres tú: La mente puede curar el cuerpo*. Barcelona: Urano.

———. 2017. *Sobrenatural: Cómo hacer cosas extraordinarias*. Barcelona: Urano.

Doran, George T. 1981. "There's a S.M.A.R.T. Way to Write Management's Goals and Objectives". *Management Review* 70 (11): 35-36.

García, Héctor, y Francesc Miralles. 2016. *Ikigai: Los secretos de Japón para una vida larga y feliz*. Barcelona: Urano.

Pychyl, Timothy A. 2010. *Solving the Procrastination Puzzle: A Concise Guide to Strategies for Change*. Nueva York: TarcherPerigee.

Rojas Estapé, Marian. 2018. *Cómo hacer que te pasen cosas buenas*. Barcelona: Espasa.

Sharma, Robin. 2018. *El club de las 5 de la mañana: Controla tus mañanas, impulsa tu vida*. Barcelona: Grijalbo.

Solomon, Margaret Mark, y Carol S. Pearson. 2001. *The Hero and the Outlaw: Building Extraordinary Brands Through the Power of Archetypes*. Nueva York: McGraw-Hill.

Williams, Ken Mogi. 2019. *How to Ikigai: Lessons for Finding Happiness and Living Your Life's Purpose*. Nueva York: Skyhorse Publishing.

Esta obra se terminó de imprimir
en el mes de octubre de 2025,
en los talleres de Impresora Tauro, S.A. de C.V.
Ciudad de México.